HARALD ECKERT

DEUTSCHLAND, ISRAEL
und das
TAL DER
ENTSCHEIDUNG

Christen
an der Seite
Israels

ISBN 978-3-86098-206-8
Christliche Kommunikation und Verlagsgesellschaft mbH, Lübeck

1. Auflage 2014

© 2014 beim Herausgeber:
Christen an der Seite Israels e.V.
Ehlener Str. 1
34289 Zierenberg
eMail: info@israelaktuell.de
www.israelaktuell.de

Umschlaggestaltung und Satz: Ewald Sutter, Azar Trostberg
Druck: CPI books GmbH, 25917 Leck

Soweit nicht anders angegeben, wurden die Bibelzitate der Schlachter-Übersetzung von 2000 entnommen.

INHALT

Dieses Buch versteht sich in erster Linie als Aufruf und Ermutigung zum Gebet. Und zwar zum Gebet für das eigene Volk, die eigene Nation. Für mich als Deutscher heißt dies: Zum Gebet für mein deutsches Volk.

Ich hatte lange ein gespaltenes Verhältnis zu meinem Volk, wie so viele Deutsche, die bis heute kaum fassen können, wie es zum Alptraum der Nazizeit, des Zweiten Weltkrieges und des Holocaust kommen konnte. Wie kann ich als Mensch, als Christ, ein gesundes, ein geklärtes, geistlich gesprochen: ein erlöstes Verhältnis zu meinem eigenen Volk bekommen? Und: Gibt es eine Chance auf Erlösung, auf eine hoffnungsvolle Zukunft für mein Volk in kollektiver Dimension? Gibt es zu diesen Fragen biblische Einsichten und Hinweise, die geistlich relevant und praktisch anwendbar sind?

Als geistlich und historisch interessierter Mensch packten mich diese Fragen schon in meiner frühen Jugend – und ließen mich bis heute nicht mehr los. Das (Zwischen-)Ergebnis meiner tiefgreifenden Fragen und meines intensiven Suchens findet sich – auf alle Völker angewandt – in diesem Buch wieder.

Auf dieser Suche entdeckte ich Überraschendes:

- Zum einen, dass die Schrift von Anfang bis zum Ende von einer tiefen Liebe spricht, die Gott gegenüber allen Völkern hegt.

- Zum zweiten, dass aus Gottes Perspektive betrachtet Israel eine ganz besondere Rolle hat in dem, wie Gott die Völker anspricht und mit ihnen umgeht. Nicht nur in der Vergangenheit, sondern auch heute und bis zur Wiederkunft Jesu. Gemäß dem Zeugnis des Alten **und** des Neuen Testaments.

- Zum dritten, dass es ein endzeitliches „Tal der Entscheidung" gibt, in dem sich das letztendliche Schicksal aller Völker entscheidet – und zwar nach Jesu eigenen Aussagen dahingehend, ob ein Volk sich im Segen in Richtung der sprichwörtlichen „Schafnation" oder im Gericht in Richtung „Bocknation" entwickelt.

Was heißt das für jedes einzelne Volk? Und wie können wir als Christen schriftgemäß beten, glauben und handeln?

Viele Christen beten für Erweckung im eigenen Volk. Immer mehr Christen beten auch für Israel. Aber wie viele Christen beten auf biblischer Grundlage für das **Verhältnis des eigenen Volkes, der eigenen Nation zu Israel?**

Genau dafür möchte dieses Buch biblische Grundlagen und ergänzende Hinweise vermitteln.

Dabei teilt sich das Buch bewusst in zwei Teile: Der erste Teil ist ein reines Bibelstudium. Im zweiten Teil folgen Anlagen ganz unterschiedlicher Art: Mein Zeugnis als ergänzender Hintergrund und zum Verständnis des Aufrufs zum Gebet für Anfang 2015. Die Vertiefung relevanter historischer Ereignisse und die Vertiefung im Wort Gottes ergänzend zum Bibelstudium von Teil 1. Ich danke an dieser Stelle allen Autoren für ihre kostbaren Beiträge!

Harald Eckert zum Holocaustgedenktag am 27.1.2014,
dem 69. Jahrestag der Befreiung des KZ Auschwitz

TEIL 1

Bibelstudium

KAPITEL 1

Einführung

Die Frage nach dem, was die Bibel über das Verhältnis von Gott zu der Völkerwelt zu sagen hat, ist eine Frage von großer und weitreichender Bedeutung. Leider findet diese Frage bei gläubigen Christen viel zu wenig Beachtung. Dafür gibt es eine Reihe von Gründen. Einige davon seien kurz aufgezählt:

- Viele Christen glauben intuitiv, dass Gott nur im Alten Testament über (Israel und die) Völker spricht. Im Neuen Testament spricht er – so die gängige Meinung – nur über seine Absichten mit dem Einzelnen.

- Im Verlauf der Kirchengeschichte gab es zur Frage der biblischen Bedeutung von Völkern, Regierungen und der Bedeutung kollektiver Größen sehr unterschiedliche, zum Teil sehr bizarre Mehrheitsmeinungen.

- Das Buch der Offenbarung und andere endzeitliche Aussagen im Alten wie im Neuen Testament lösen bei vielen Christen mehr Fragen aus, als dass sie Antworten vermitteln. Die natürliche Reaktion vieler besteht darin, sich von diesen Themen fernzuhalten.

So verständlich diese Gründe sind, so ungerechtfertigt sind sie, wenn man sich genauer mit den angesprochenen Themen befasst.

Das Gleichnis Jesu vom Völkergericht

Alleine das Gleichnis Jesu vom Völkergericht, von dem wir in Matthäus 25, 31ff lesen, sollte uns zum Nachdenken bringen. Dort heißt es in den Einleitungsversen:

„Wenn aber der Sohn des Menschen in seiner Herrlichkeit kommen wird und alle heiligen Engel mit ihm, dann wird er auf dem Thron seiner Herrlichkeit sitzen, und vor ihm werden alle Heidenvölker versammelt werden. Und er wird sie voneinander scheiden, wie ein Hirte die Schafe von den Böcken scheidet, und er wird die Schafe zu seiner Rechten stellen, die Böcke aber zu seiner Linken." (Matthäus 25, 31-33)

Wenn man diese Verse wörtlich nimmt, und so sind sie gemeint, dann lässt sich alleine daraus schließen,

1. dass Völker auch im Neuen Testament eine Rolle vor Gott spielen.

2. dass es ein Gericht nicht nur über Einzelne, sondern auch über Völker gibt.

3. dass dieses Gericht mit dem zweiten Kommen Jesu zusammenhängt – also noch in der Zukunft liegt.

Und wenn dem so ist – kann uns das, ja darf uns das als Christ egal sein? Darf uns das künftige Schicksal unseres Volkes unberührt lassen? Ist es geistlich und menschlich irrelevant, ob unser Volk dermaleinst zu den „Schafen" oder zu den „Böcken" zählt? Und wenn nicht, wie kann ich darauf Einfluss nehmen? Was ist meine Verantwortung vor Gott und vor den Menschen?

Zwei Grundregeln des Bibelstudiums

Um auf diese Fragen und auch auf die oben genannten Gründe für die große Verunsicherung zu diesen Fragen schrittweise und systematisch eingehen zu können, möchte ich einige einleitende Hinweise zur Methodik dieser biblischen Untersuchung nennen:

Zum einen: Wenn man sich einem etwas komplexeren Thema der Heiligen Schrift zuwendet, dann ist es oft eine große Hilfe, danach zu fragen, wo und in welchem Kontext dieses Thema in der Bibel zum ersten und zum letzten Mal angesprochen ist. Wenn man den Ursprung und das Ziel einer Offenbarungslinie kennt, dann tut man sich oft leichter, auch die dazwischenliegenden Offenbarungspunkte besser dem biblischen Gesamtzeugnis zuordnen zu können. Deshalb kommt dem Buch Genesis und dem Buch der Offenbarung eine so große Bedeutung zu. Viele Themen, die in Genesis, dem 1. Buch der Bibel, eröffnet werden, kommen im Buch der Offenbarung, dem letzten Buch der Bibel, zu ihrem offenbarungsgemäßen Abschluss.

Zum zweiten gibt es für das Verhältnis zwischen dem Alten und dem Neuen Testament eine entscheidende Grundsatzfrage: Welche Offenbarungslinien stehen in einer gesamtbiblischen Kontinuität und bei welchen Offenbarungslinien ist eine Diskontinuität festzustellen?

Ein Beispiel für Diskontinuität ist der Tempelopferritus. Jesus hat die Zerstörung des Tempels und des gesamten damit verbundenen Ritus vorhergesagt – und so ist es auch eingetroffen. Er hat sowohl für den Tempel als auch für den Opferdienst eine Alternative angeboten: Wir als Gläubige sind der neue Tempel und er als Lamm Gottes ist das allumfassende und allgültige Opfer.

Zwei Beispiele für Kontinuität sind die bleibende Gültigkeit der alttestamentlichen Offenbarung zur Schöpfung sowie der Zehn Gebote mit dem Liebesgebot als dessen Mitte (Zentrum). Im Neuen Testament wird zu beidem nicht viel erwähnt, aber die wenigen Bestätigungen, die es neutestamentlich dazu gibt, genügen, um die bleibende Bedeutung der alttestamentlichen Offenbarung zu diesen Themen zu bestätigen und als selbstverständlich vorauszusetzen. Es fällt den meisten von uns nicht schwer, dies nachzuvollziehen.

Biblische Kontinuität am Beispiel „Israel"

Was nun das Thema Israel betrifft, gilt in dieser Hinsicht im Grundsatz das Gleiche. Einige Beispiele aus dem Römerbrief:

In Römer 9, 4–5 zählt Paulus acht Gnadengaben auf, die dem Volk Israel von Gott gegeben sind und die ihm auch bleibend zugedacht sind:

> *„… die Israeliten sind, denen die Sohnschaft und die Herrlichkeit und die Bündnisse gehören und die Gesetzgebung und der Gottesdienst und die Verheißungen; ihnen gehören auch die Väter an, und von ihnen stammt dem Fleisch nach der Christus, der über alle ist, hochgelobter Gott in Ewigkeit. Amen!"*

Im gleichen Brief, Kapitel 15, Vers 8, sagt Paulus, dass einer der Gründe, warum Jesus auf die Erde gekommen ist, die Bestätigung der Verheißungen Gottes gegenüber dem jüdischen Volk ist:

> *„Ich sage aber, dass Jesus Christus ein Diener der Beschneidung geworden ist um der Wahrhaftigkeit Gottes willen, um die Verheißungen an die Väter zu bestätigen …"*

Deswegen konnte Paulus auch in Römer 11, 28 + 29 so eindeutig feststellen, dass Gott sein Volk Israel keineswegs verstoßen hat, sondern seine Gnadengaben an dieses Volk und die Berufung dieses Volkes vor ihm auch aus neutestamentlicher Sicht bleibende Gültigkeit haben:

„Hinsichtlich des Evangeliums sind sie zwar Feinde um euretwillen, hinsichtlich der Auserwählung aber Geliebte um der Väter willen. Denn Gottes Gnadengaben und Berufung können ihn nicht reuen. Denn gleichwie auch ihr einst Gott nicht geglaubt habt, jetzt aber Barmherzigkeit erfahren habt um ihres Unglaubens willen ..."

Es sind nicht viele Aussagen – aber sie genügen, um deutlich zu machen, dass es in Bezug auf Israels Berufung, Israels Gnadengaben und die Verheißungen Gottes an Israel keinen Zweifel gibt: Hier handelt es sich um Dinge von gesamtbiblischer Kontinuität. In diesen Fragen gibt es **keinen** Bruch zwischen Altem und Neuem Testament.

Vor dem Hintergrund dieser einleitenden Überlegungen wollen wir nun den Einstieg in die Völker-Thematik vornehmen, indem wir fragen:

a) Wie ist in der Schrift zum ersten und zum letzten Mal von den Völkern die Rede?

b) Sind die Völker ein Thema gesamtbiblischer Kontinuität oder Diskontinuität?

c) Und welche Schlussfolgerungen ergeben sich aus den jeweiligen Erkenntnissen?

KAPITEL 2

Anfang und Ziel der biblischen Offenbarung von den Völkern

Wann erwähnt die Bibel zum ersten Mal Völker? Wann zum letzten Mal? Wenn ich auf meinen Vortragsveranstaltungen diese Frage stelle und Raum für eine Antwortmöglichkeit gebe, ähneln sich die Antworten oft. Zur ersten Frage kommt oft die Antwort: „Beim Turmbau zu Babel" (1. Mose 11), zur zweiten Frage heißt es in der Regel: „Irgendwo im Buch der Offenbarung." Beides ist nah dran. Sehen wir etwas genauer hin.

Die Entstehung der Völker auf der Grundlage des Noahbundes

Zum ersten Mal tauchen in der Bibel die Völker in 1. Mose 10 auf. Dort wird berichtet, wie aus den drei Söhnen Noahs – Ham, Sem und Japhed – insgesamt 70 Völker hervorgegangen sind. Die Zahl 70 hat im Hebräischen eine besondere Bedeutung: Die Zahl 7 steht für innere Vollkommenheit, die Zahl 10 für äußere Vollkommenheit oder Vollständigkeit. 7 mal 10 oder 10 mal 7 ist eine Kombination beider Dimensionen. 70 ist also ein Hinweis auf die Gesamtheit der Völkerwelt, die aus der Nachkommenschaft Noahs entsprang.

„Das sind die Sippen der Söhne Noahs nach ihrer Abstammung in ihren Völkern; und von ihnen haben sich nach der Sintflut die Völker auf der Erde verteilt."   (1. Mose 10, 32)

Mindestens genauso bedeutsam wie dieser numerische Hinweis ist die Vorgeschichte zur Entstehung der Völkerwelt. Dieser voraus ging die Sintflut, die Vernichtung allen menschlichen Lebens, und der Neuanfang nach der Sintflut. Dieser Neuanfang war gekennzeichnet durch zahlreiche Gnadenverheißungen Gottes. Gott versprach Noah, dass er niemals mehr ein solch totales Gericht über die Menschheit bringen werde. Er versprach, dass er die Naturgesetze zur Versorgung der Menschen achten, ja darüber wachen werde.

„Von nun an soll nicht aufhören Saat und Ernte, Frost und Hitze, Sommer und Winter, Tag und Nacht, solange die Erde besteht!"
                    (1. Mose 8, 22)

Und als Siegel auf diese gnädigen und gütigen Verheißungen setzte Gott als Bundeszeichen den Regenbogen.

„Und Gott sprach: Dies ist das Zeichen des Bundes, den ich festsetze auf ewige Geschlechter hin zwischen mir und euch und allen lebendigen Wesen, die bei euch sind: Meinen Bogen setze ich in die Wolken, der soll ein Zeichen des Bundes sein zwischen mir und der Erde."   (1. Mose 9, 12-13)

Die Grundlage, aus der heraus die Völkerwelt entstanden ist, war also keine geringere als Gottes Liebe und Güte, die sich im Noahbund, einem ewigen Gnadenbund, manifestiert hat. Das war der Anfang von Gottes Geschichte mit der Völkerwelt.

Die Heilung der Völker in der Perspektive der Ewigkeit

Das Ende, soweit es uns gezeigt wird, finden wir im letzten Kapitel des letzten Buches der Bibel. Hier befinden wir uns in den letzten

Zügen dessen, was uns die Schrift über das ewige Zeitalter offenbart, das Zeitalter des neuen Himmels, der neuen Erde und des neuen Jerusalems, das vom Himmel auf die Erde kommt. In diesem Zusammenhang heißt es mit Bezug auf die Völker (Offenbarung 22, 1-2):

„Und er zeigte mir einen reinen Strom vom Wasser des Lebens, glänzend wie Kristall, der ausging vom Thron Gottes und des Lammes. In der Mitte zwischen ihrer Straße und dem Strom, von dieser und von jener Seite aus, [war] der Baum des Lebens, der zwölfmal Früchte trägt und jeden Monat seine Frucht gibt, jeweils eine; und die Blätter des Baumes dienen zur Heilung der Völker. "

Im Buch der Offenbarung ist an vielen Stellen von Völkern und Königen (Herrschern) und (antichristlich geprägten) Völkerkonglomeraten die Rede. Es ist von der Hure Babylon die Rede als einem Bild für das ultimative antichristliche Reich, voller verführerischer Schönheit und Reichtum. Es ist in diesem Zusammenhang in dramatischen Beschreibungen viel von Kampf und Gericht die Rede.

Doch das Letzte, das Allerletzte, was uns zu den Völkern genannt wird, ist durch und durch anders: Hier ist von Leben die Rede, von Heilung, ein Bild des Friedens und des Überflusses wird gezeichnet in der Erzählung von dem Baum am Wasser des Lebens, dessen Blätter zur Heilung der Völker dienen. Viel könnte zu der Symbolkraft der verwendeten Bilder gesagt werden. Das Bild vom Baum erinnert an die beiden Bäume im Paradies. Das, was ganz am Anfang mit der Erschaffung zweier Menschen begann, endet nun mit der Heilung vieler Völker. Der gesamtbiblische Kreis schließt sich. Die Heilsgeschichte kommt zu ihrem letztendlichen, uns geoffenbarten Schlusspunkt.

Anfang und Ende der Völkergeschichte: Gottes Liebe!

Das Entscheidende wird deutlich. Das Erste und das Letzte, was in der Bibel zu den Völkern gesagt wird, lautet: Gott liebt die Völker! Er will sie segnen. Er trifft Vorsorge dafür: Am Anfang der Noahbund, am Schluss der Baum des Lebens.

Mit der gleichen Sicherheit, mit der man biblisch grundsätzlich feststellen kann, dass jeder Mensch nach dem Ebenbild Gottes geschaffen ist, daraus eine grundsätzliche, individuelle Würde bezieht und sich somit als persönlich von Gott geliebt begreifen darf, in gleicher Weise dürfen wir feststellen, dass dies auch für Völker gilt: Gott liebt jedes Volk! So wie er die unendliche Vielfalt individueller Ausdrucksformen von Gottes Ebenbildlichkeit geschaffen hat, ehrt und liebt, so gilt das auch für die kollektiven Ausdrucksformen von Gottes Ebenbildlichkeit: Jedes Volk hat seine eigene kollektive Persönlichkeit, seine spezielle Mentalität, sein kollektives Temperament, seine kollektive Kreativität. Der biblische Gott ist der Gott des Mikrokosmos wie auch der Gott des Makrokosmos. Der biblische Gott ist der Schöpfer und Gott des einzelnen Menschen und der Schöpfer und Gott jedes einzelnen Volkes.

Das ist das Fundament und das ist das verheißene Ziel der Heilsgeschichte für die Völkerwelt: Gottes Liebe! Gottes gnädige Fürsorge! Gottes Bund im Zeichen des Regenbogens. Und Gottes Verheißung des Baumes des Lebens.

Es ist mir sehr wichtig, diese zentrale Wahrheit am Anfang unserer Untersuchung mit dem nötigen Nachdruck zu betonen. Wir werden im weiteren Verlauf viel über Gerichte und tragische Dinge sprechen müssen. Manchmal erlebe ich in christlichen Kreisen fast so etwas wie eine heimliche (oder besser: unheimliche) Lust an den Gerichtsankündigungen Gottes.

Das entspricht nicht dem Charakter Gottes. Er richtet niemals gerne und niemals ohne Ziel: So lang wie irgend möglich dienen alle Gerichte dem Wunsch, dass diese zur Umkehr führen. Bis es irgendwann zu einem letzten Gericht kommt. Dieses ist dann endgültig. Das gilt für Einzelne wie auch für Völker – wie wir noch sehen werden. Aber solange es irgend geht, möchte Gott nichts mehr, als dass sich Einzelne wie auch Völker für seine Liebe, seine Güte und sein Erbarmen öffnen. Dass sie umkehren von ihren bösen Wegen und ihre Zukunft aus der erfahrenen Liebe und dem Erbarmen Gottes heraus gestalten.

KAPITEL 3

Die Rolle Israels in der Heilsgeschichte der Völkerwelt

Um nun die Rolle Israels für Gottes Segensabsichten mit den Völkern zu verstehen, müssen wir wieder an den Anfang zurückkehren. In den Kapiteln 1. Mose 8 und 9 ist im Wesentlichen vom Noahbund die Rede. Im Kapitel 10 von der Entstehung der Völkerwelt aus der Nachkommenschaft Noahs heraus. Über einige Generationen hinweg lebten die Völker unter der gnädigen Fürsorge Gottes und ehrten ihn dafür. Bis zu dem Zeitpunkt, an dem sie meinten, ihr Schicksal selbst in die Hand nehmen zu können – und hier kommen wir zum biblischen Bericht vom Turmbau zu Babel, 1. Mose 11.

Der Turmbau zu Babel

Im Turmbau zu Babel wandten sich die Völker geschlossen gegen Gott und gegen seine guten Pläne und Absichten mit ihnen. Bis dahin lebten die Völker offenbar in guter Nachbarschaft zusammen. Sie sprachen eine gemeinsame Sprache. Sie blühten unter dem Segen des Noahbundes auf, vermehrten sich, es ging ihnen gut und sie wurden stark. Doch anstatt Gott zu danken und ihn zu ehren für diesen Segen, wurden sie von Stolz und Hochmut ergriffen und rebellierten gegen Gott und seine Gebote, die sie als bleierne „Ketten" missverstanden. Was im Garten Eden auf individueller Ebene geschah, wiederholte sich im Turmbau zu Babel in erstaunlicher Parallele nun auf kollektiver Ebene.

„Und die ganze Erde hatte eine einzige Sprache und dieselben Worte. Und es geschah, als sie nach Osten zogen, da fanden sie eine Ebene im Land Sinear, und sie ließen sich dort nieder. Und sie sprachen zueinander: Wohlan, lasst uns Ziegel streichen und sie feuerfest brennen! Und sie verwendeten Ziegel statt Steine und Asphalt statt Mörtel. Und sie sprachen: Wohlan, lasst uns eine Stadt bauen und einen Turm, dessen Spitze bis an den Himmel reicht, dass wir uns einen Namen machen, damit wir ja nicht über die ganze Erde zerstreut werden! Da stieg der Herr herab, um die Stadt und den Turm anzusehen, den die Menschenkinder bauten. Und der Herr sprach: Siehe, sie sind ein Volk und sie sprechen alle eine Sprache, und dies ist [erst] der Anfang ihres Tuns! Und jetzt wird sie nichts davor zurückhalten, das zu tun, was sie sich vorgenommen haben. Wohlan, lasst uns hinabsteigen und dort ihre Sprache verwirren, damit keiner mehr die Sprache des anderen versteht! So zerstreute der Herr sie von dort über die ganze Erde, und sie hörten auf, die Stadt zu bauen. Daher gab man ihr den Namen Babel, weil der Herr dort die Sprache der ganzen Erde verwirrte und sie von dort über die ganze Erde zerstreute."

Der „Geist Babels" in der Völkergeschichte

Die Völker vereinten sich in Stolz und Hybris, in Rebellion und in Unabhängigkeit von Gott. Sie nahmen ihr Schicksal in die eigene Hand, stießen den Gott, der sie über Generationen hinweg segnete, der ihr Wohl im Sinn hatte und der Vorsorge dafür getroffen hatte, geradezu hasserfüllt von sich. Sie wollten sich, ihrem Genius, ihrer Tat- und Willenskraft ein Denkmal setzen. Sie entfernten sich von einer Haltung der Dankbarkeit und der Zufriedenheit mit dem, was ihnen unter dem Segen Gottes zugedacht war, und wurden maßlos, gierig, über die Maßen stolz auf sich selbst und überheblich gegenüber ihrem Gott. Sie wurden ergriffen vom Geist Babels, einem dämonischen Geist, der sie zu Höchstleistungen anstachelte – Höchstleistungen ohne Gott, ja Höchstleistungen gegen Gott.

Dieser babylonische Geist, der Geist der Hybris und der Rebellion, ist bis heute aktiv. Er ist bis heute Sinnbild für antigöttliche und antichristliche Ideologien und Weltmächte, die von einem Geist des Stolzes und der Rebellion durchdrungen sind. Als Deutscher kann ich sagen, dass mein Volk alleine zwei Ausdrucksformen dieser Gesinnung erlebt und erlitten hat: Die faschistische Variante unter der Nazi-Diktatur und die kommunistische, die unter Stalins Ägide nach dem 2. Weltkrieg halb Deutschland (Ost-Deutschland, DDR) in ihren eisernen Griff nahm. Die ideologischen Gewänder verändern sich im Laufe der Zeit, aber die Grundgesinnung und die dahinter liegende dämonische Inspiration ändern sich nicht.

Die meisten großen Weltmächte der Vergangenheit waren von diesem Geist durchdrungen – und Israel war im Verlauf seiner Geschichte immer wieder mit ihnen konfrontiert: Die Babylonier, die Perser, die Griechen, die Römer. Auch die etablierte Kirche des Mittelalters hatte babylonische Züge. Und moderne Ideologien und Konglomerate waren oder sind gefährdet, sei es die militant-humanistische Aufklärung, der Kommunismus, der Faschismus, der entfesselte, ungezügelte Kapitalismus oder der radikale (das heißt der ursprüngliche) Islam. All diese Mächte und Konglomerate sind auf je unterschiedliche Weise von dem babylonischen Geist des Stolzes und der Rebellion gegen Gott und seine guten Gebote durchdrungen. Und die Bibel sagt voraus, dass diese Tendenz auf der Ebene von Völkern und Weltmächten sich weiter entfalten

wird, bis zu einem letzten, antichristlichen Höhepunkt hin, ehe –
siehe Offenbarung 19 – das finale Gericht über „die Hure Babel"
und den Geist, für den sie steht, kommt. Und dieses finale Gericht
über „Babel" geht einher mit dem (zweiten) Kommen des Messias
und dem Anbruch des messianischen Königreichs mit Zion als
Zentrum und Ausgangspunkt, wie schon der Psalmist vom Heiligen Geist inspiriert in erstaunlicher Präzision und Klarheit vorher-
gesehen hat (Psalm 2):

> *„Warum toben die Heiden und ersinnen die Völker Nichtiges? Die
> Könige der Erde lehnen sich auf, und die Fürsten verabreden sich
> gegen den Herrn und gegen seinen Gesalbten: ‚Lasst uns ihre Bande
> zerreißen und ihre Fesseln von uns werfen!' Der im Himmel thront,
> lacht; der Herr spottet über sie. Dann wird er zu ihnen reden in sei-
> nem Zorn und sie schrecken mit seinem Grimm: ‚Ich habe meinen
> König eingesetzt auf Zion, meinem heiligen Berg!' – Ich will den
> Ratschluss des Herrn verkünden; er hat zu mir gesagt: ‚Du bist mein
> Sohn, heute habe ich dich gezeugt. Erbitte von mir, so will ich dir die
> Heidenvölker zum Erbe geben und die Enden der Erde zu deinem
> Eigentum. Du sollst sie mit eisernem Zepter zerschmettern, wie Töp-
> fergeschirr sie zerschmeißen!' So nehmt nun Verstand an, ihr Könige,
> und lasst euch warnen, ihr Richter der Erde! Dient dem Herrn mit
> Furcht und frohlockt mit Zittern. Küsst den Sohn, damit er nicht
> zornig wird und ihr nicht umkommt auf dem Weg; denn wie leicht
> kann sein Zorn entbrennen! Wohl allen, die sich bergen bei ihm!"*

Die Antwort Gottes auf die babylonische Rebellion

Wie nun reagierte Gott auf die Ur-Manifestation, auf den Ausgangspunkt und den ersten Durchbruch des babylonischen Geistes?
Was war seine Antwort? Bei genauerer Betrachtung und unter Einbeziehung des weiteren Zusammenhangs finden wir drei Reaktionen – zwei Reaktionen des Gerichts und eine Reaktion der Gnade:

1. Gott verwirrte ihre Sprache (1. Mose 11, 7)

2. Gott verstreute sie über die Erde (1. Mose 11, 8)

3. Gott berief Abraham (1. Mose 12, 1-3)

An dieser Stelle sei einmal mehr – und etwas ausführlicher – auf die Parallelität des Geschehens im Garten Eden und im Zusammenhang mit dem Turmbau zu Babel hingewiesen. Das, was sich im Garten Eden auf individueller Ebene abspielte, fand in Babel gewissermaßen seine Wiederholung auf kollektiver Ebene, auf der Ebene der Völkerwelt.

Im Garten Eden: Eva und Adam folgten der Versuchung der Schlange, weil ihr Stolz angesprochen wurde („sein wie Gott", 1. Mose 3, 5). Gottes Reaktion – zwei Reaktionen des Gerichts und eine Reaktion der Gnade:

1. Er vertrieb sie aus dem Garten Eden und gab sie dadurch Sünde und Tod preis (1. Mose 3, 23f)

2. Er belegte Mann und Frau mit einem je eigenen geschlechts-spezifischen Fluch (1. Mose 3, 16-20)

3. Er gab ihnen und ihren Nachkommen die Verheißung eines Erlösers mit auf den Weg (1. Mose 3, 15)

Es ist beide Male erstaunlich: Noch mitten im Geschehen von Sündenfall und Gericht eröffnete Gott schon wieder einen Erlösungsweg: Auf der individuellen Ebene die Verheißung des „Sohnes", des Messias, des Heilands. Auf der kollektiven Ebene, der Ebene der Völkerwelt, die Berufung Abrahams und damit verbunden die einzigartige Berufung des jüdischen Volkes, wie sie in 1. Mose 12, 1-3 zusammengefasst ist:

„Der Herr aber hatte zu Abram gesprochen: Geh hinaus aus deinem Land und aus deiner Verwandtschaft und aus dem Haus deines

Vaters in das Land, das ich dir zeigen werde! Und ich will dich zu einem großen Volk machen und dich segnen und deinen Namen groß machen, und du sollst ein Segen sein. Ich will segnen, die dich segnen, und verfluchen, die dich verfluchen; und in dir sollen gesegnet werden alle Geschlechter auf der Erde!"

Israel und die Völker: Zum gegenseitigen Segen berufen

Entscheidend ist dabei, die Hauptbegründung, das Kernmotiv Gottes für die Berufung Abrahams zu verstehen: Er möchte die Völker weiterhin segnen! Er wirbt weiterhin um das Vertrauen der Völker, die sich in Stolz und Rebellion gegen ihn erhoben haben. Er liebt die Völker weiterhin – aber er muss ihnen eine Bedingung stellen: Sie können nur neu unter seinen Segen kommen, wenn sie bereit sind, ihren Stolz aufzugeben, und das heißt im Klartext: Wenn sie bereit sind, Gottes Wahl, das erwählte Volk, anzunehmen und zu „segnen" (1. Mose 12, 3a).

Und mit der demütigen Annahme dieser Wahl nehmen sie auch die einzigartige Berufung dieses Volkes (ein Segen für die Menschheit zu sein) und die einzigartige Bedeutung des Landes, das Gott Abraham und seinen Nachkommen zugewiesen hat, an. Diese drei Faktoren hängen in der Urberufung Gottes an Abraham (1. Mose 12, 1-3), an Isaak (1. Mose 26, 3-5) und an Jakob (1. Mose 28, 13-14) untrennbar miteinander zusammen:

1. Die Volkswerdung

2. Das Land

3. Die Mission Israels

Wenn es in Römer 11, 28 heißt: „Gottes Gnadengaben und Berufung" gereuen ihn nicht, dann sind das die Ur-Gnadengaben und dann ist das die Ur-Berufung. Wenn es in Römer 15, 8 heißt, dass einer der Gründe, für die Jesus zum ersten Mal auf die Erde gekommen ist, darin besteht, dass er die Verheißungen an die Väter bestätigt, dann sind das die Ur-Verheißungen und die Ur-Berufung. Diese drei Verheißungen, versiegelt im Abrahambund (1. Mose 15, 18), bestätigt bei Paulus (Römer 11) und Jesus (Römer 15, 8), zu bejahen und als Segensgaben für die Menschheit anzunehmen – das ist die Bedingung, unter der sich die Völker zu beugen haben, damit sie wieder unter den Segen Gottes zurückkommen können: Die „mischpacha", die Familie, der Clan, der Stamm, das Volk, das Israel segnet, kommt unter den Segen des Höchsten. Jene kollektiven Einheiten, die in Stolz, Hybris und Rebellion verharren, bleiben unter dem Gericht und dem Fluch Gottes.

Damit ist das heilsgeschichtliche Fundament gelegt: Israels Herausforderung ist, auf Grundlage der Torah, der Gebote Gottes, die er durch Mose Israel zuteilwerden lässt, Gottes Stimme zu gehorchen und seinen Geboten zu folgen (siehe 5. Mose 28). Die Herausforderung für die Völkerwelt liegt darin, in Demut, Dankbarkeit und Gottesfurcht die besondere Wahl und Berufung Gottes in Israel anzuerkennen. Auf der kollektiven Ebene könnte man so das Alte Testament in seiner Grundaussage zusammenfassen. 5. Mose 28 (für Israel) und 1. Mose 12 (für die Völkerwelt) waren die beiden Kernbotschaften aller alttestamentlichen Propheten.

Auf dieser Grundlage entwickelten sich dann nach und nach zwei weitere Hauptthemen: a) Die Verheißung des Messias und b) die Partnerschaft des (Messias-)gläubigen Israels mit den Gläubigen aus der Völkerwelt. Dies wurde dann zur Hauptbotschaft des Neuen Testaments – aber ohne deshalb das alttestamentliche Fundament von Gottes Heilsplan in Frage zu stellen, umzudeuten oder aufzulösen.

KAPITEL 4

Israel im Neuen Testament

Es gibt unter manchen Christen die Meinung, das Neue Testament habe nichts zum Thema „Israel" zu sagen. Das stimmt nicht. Diejenigen Christen, die wissen, dass das Neue Testament durchaus das Thema „Israel" erwähnt, teilen sich, grob gesagt, in drei Lager: Das eine Lager kann eine Reihe von Bibelstellen zitieren, in denen Gericht über Israel vorhergesagt ist. Das zweite Lager kann eine Reihe von Stellen zitieren, die Positives über Israel aussagen. Und das dritte Lager ist davon so verwirrt, dass es sich nicht für eine von beiden Seiten entscheiden kann.

Zu den beiden erstgenannten Lagern kann man vereinfacht sagen: Beide haben starke Argumente für ihre Position. Es wird sowohl Heftiges und Intensives in Bezug auf Gottes Gericht über das jüdische Volk ausgesagt als auch sehr klar über Gottes bleibende Treue und die weiterhin gültigen Verheißungen gegenüber Israel gesprochen. Wie passt das zusammen?

Der Schlüssel zum biblischen Israel-Verständnis: Gottes Bündnisse mit Israel

Ich habe dieser Frage ein ganzes Buch gewidmet (Gottes Weg mit Israel; Asaph-Verlag). Das Wichtigste sei kurz zusammengefasst:

Es gibt für mein Dafürhalten vier grundlegende Bündnisse Gottes mit dem jüdischen Volk: Der Abrahambund (1. Mose 15), der Sinaibund (zugespitzt auf den Punkt gebracht in 5. Mose 28), der Bund in Bezug auf den Messias (2. Samuel 7) und der Neue Bund (Jeremia 31, Hesekiel 36 u. a.). In Bezug auf Gericht und Verheißung sind der Abrahambund und der Sinaibund maßgeblich.

Der Abrahambund ist ein einseitiger, ewiger, bedingungsloser Bund. Ein reiner Gnadenbund, für den Gott alleine geradesteht. In diesem Bund ist die Ur-Berufung Israels und sind die Ur-Verheißungen an Israel, wie sie den Erzvätern zugesagt worden sind (siehe oben), gewissermaßen versiegelt. Gott alleine garantiert die Erfüllung dieser Zusagen. Egal, wie Israel sich verhält. Auf Grund dessen konnte Paulus die zutiefst radikale Aussage treffen (Römer 11, 28-29):

„Hinsichtlich des Evangeliums sind sie zwar Feinde um euretwillen, hinsichtlich der Auserwählung aber Geliebte um der Väter willen. Denn Gottes Gnadengaben und Berufung können ihn nicht reuen."

Diesen Bund gilt es zu unterscheiden vom Sinaibund, der den Kindern Israels unter Mose angetragen wurde. Im Unterschied zum Abrahambund ist dies ein zweiseitiger Bund, ein bedingter Bund und – wie wir sehen werden – ein zeitlich begrenzter Bund. Im 5. Buch Mose wurde der zweiten Generation der Kinder Israel, die inzwischen 40 Jahre durch die Wüste zogen, so etwas wie ein Vertrag vorgelegt: *„Wenn Du meiner Stimme gehorchst und meine Gebote hältst, kommen die nachfolgenden Segnungen über Dich …"* (siehe 5. Mose 28, 1) beziehungsweise: *„Wenn Du meiner Stimme nicht gehorchst und meine Gebote nicht hältst, kommen folgende Flüche (Gerichte) über Dich …"* (siehe 5. Mose 28, 15).

Beide Bündnisse zusammengenommen bilden das Fundament aller weiteren Prophetien über Israel sowohl im Alten als auch im

Neuen Testament, wobei beide Testamente hier in Kontinuität die gleiche Linie verfolgen: Wenn Israel Gott gegenüber ungehorsam ist, muss er sie richten – aber nur begrenzt. Seine Grundberufung und seine Ur-Verheißungen gegenüber Israel bleiben auf Grund des Abrahambundes unberührt davon. Deswegen gibt es keinen Propheten, der neben den oft ausführlichen Gerichtsverheißungen nicht zumindest mit einer heilvollen Aussicht für Israel abschließt. Alle neutestamentlichen Gerichts- und Heilsaussagen bezüglich Israels können diesem grundlegenden Muster zugeordnet werden, wobei die Heilsaussagen in der Regel endzeitlichen Charakter haben.

Neutestamentliche Beispiele

Ein typisches Beispiel aus dem Munde Jesu im Kontext der sogenannten „Endzeitreden" wäre Folgendes (Lukas 21, 20 + 24):

„Wenn ihr aber Jerusalem von Kriegsheeren belagert seht, dann erkennt, dass seine Verwüstung nahe ist. ... Und sie werden fallen durch die Schärfe des Schwerts und gefangen weggeführt werden unter alle Heiden. Und Jerusalem wird zertreten werden von den Heiden, bis die Zeiten der Heiden erfüllt sind."

Zunächst spricht Jesus von der Zerstörung Jerusalems und von der weltweiten Zerstreuung des jüdischen Volkes. Er sagt genau, unter welchen Umständen die Zerstörung erfolgt, und gibt seinen Zeitgenossen präzise Anweisungen, wie diese sich im gegebenen Fall zu verhalten haben. Nur ca. 40 Jahre später hat der größte Teil der Urgemeinde diese Ratschläge genau befolgt und ist auf Grund dieser prophetischen Hinweise Jesu in einer Kampfpause von Jerusalem aus nach Pella ins Ostjordanland, dem heutigen Jordanien, geflohen. In der Niederschlagung der beiden jüdischen Aufstände, die um 70–73 bzw. um 135 n. Chr. ihr Ende gefunden haben, wurde der größere Teil der jüdischen Einwohner tatsächlich über die gesamte damalige Welt und von dort aus bis an die Enden der Erde verstreut.

Bedeutsam ist, dass Jesus in der Gerichtsankündigung der weltweiten Zerstreuung das Alte Testament zitiert – und zwar präzise eine Passage aus 5. Mose 28, 64:

„Denn der Herr wird dich unter alle Völker zerstreuen von einem Ende der Erde bis zum anderen; …"

Wenn man die über 50 Verse, in denen Gott durch Mose im Falle des Ungehorsams Israels spricht, genauer betrachtet, dann kann man darin eine Steigerung in der Heftigkeit dieser Gerichtsankündigungen erkennen. Die oben genannte Drohung steht ganz am Schluss dieser Liste. Die weltweite Zerstreuung des jüdischen Volkes ist die heftigste Strafandrohung, die es auf der Grundlage des Sinaibundes gibt. Und genau diese greift Jesus in Lukas 21, 24 auf und spricht sie in die (nahe) Zukunft hinein aus. Aber zeitlich begrenzt! BIS …

„Und sie werden fallen durch die Schärfe des Schwerts und gefangen weggeführt werden unter alle Heiden. Und Jerusalem wird zertreten werden von den Heiden, bis die Zeiten der Heiden erfüllt sind."

(Lukas 21, 24)

Hier nennt Jesus eine entscheidende Zäsur. Eine Schicksalswende für das jüdische Volk und für Jerusalem. Er sagt den Beginn einer einsetzenden Zeitenwende voraus, in der die nichtjüdische Herrschaft über Jerusalem zu Ende geht und Jerusalem wieder unter jüdische Oberhoheit kommt. Auch dies geschieht im Übrigen wiederum in Übereinstimmung mit dem, was Mose vorhergesagt hat: Wenn Israel bis ans Ende der Welt verstreut wird, kommt ein Zeitpunkt, an dem Gott sie wieder sammeln wird (5. Mose 30, 4-5):

„Und wenn du auch bis an das Ende des Himmels verstoßen wärst, so wird dich doch der Herr, dein Gott, von dort sammeln und dich von dort holen. Und der Herr, dein Gott, wird dich in das Land zurückbringen, das deine Väter besessen haben, und du wirst es in

Besitz nehmen, und er wird dir Gutes tun und dich mehren, mehr als deine Väter."

Diese letztendliche Heilszusage wiederum hat zur Grundlage den Abrahambund.

Diese Zuordnung von Gericht und Gnade finden wir auch an anderen Stellen im Neuen Testament. Dazu wird von Matthäus – ebenfalls im Zusammenhang mit den „Endzeitreden" – folgende Aussage Jesu überliefert. Im Zusammenhang mit seinem zweiten Kommen nennt er eine Voraussetzung dafür, dass er wiederkommen wird, nämlich die, dass er von den Einwohnern Jerusalems als Messias begrüßt wird (Matthäus 23, 39):

„… denn ich sage euch: Ihr werdet mich von jetzt an nicht mehr sehen, bis ihr sprechen werdet: ‚Gepriesen sei der, welcher kommt im Namen des Herrn!'"

Auch hier finden wir wieder dieses endzeitliche „bis"!

Parallel dazu können wir jetzt noch die Aussage des Paulus in Römer 11, 25-26 in Betracht ziehen, wo es heißt:

„Denn ich will nicht, meine Brüder, dass euch dieses Geheimnis unbekannt bleibt, damit ihr euch nicht selbst für klug haltet: Israel ist zum Teil Verstockung widerfahren, bis die Vollzahl der Heiden eingegangen ist; und so wird ganz Israel gerettet werden, wie geschrieben steht: ‚Aus Zion wird der Erlöser kommen und die Gottlosigkeiten von Jakob abwenden …'"

Mit anderen Worten: Wenn (meine Paraphrase) der Missionsbefehl unter den Völkern sein Ziel erreicht haben wird, dann wird „ganz Israel" zum Glauben an Jesus, den Messias, kommen. Die metaphorischen „abgebrochenen Zweige" werden in den edlen Ölbaum, aus dem sie kommen, wieder eingepfropft werden. Denn: Sie bleiben trotz allen Ungehorsams und trotz aller (zeitlich begrenzten) Gerichte „Geliebte um der (Erz-)Väter Willen" (Römer 11, 29), das heißt, um Abrahams, Isaaks und Jakobs willen, mit denen Gott seinen einseitigen, ewigen Gnadenbund geschlossen hat.

In all den Beispielen zeigt sich das Muster, das sich durch die gesamte Schrift hindurchzieht: Alle Gerichtsaussagen gründen auf dem Ungehorsam des jüdischen Volkes und den damit verbundenen Konsequenzen in Folge des Sinaibundes. Alle letztendlichen Heilsaussagen und bleibenden Verheißungen gründen auf dem bedingungslosen und ewig gültigen Abrahambund. Letztendlich eingeschlossen in den Abrahambund ist auch die Verheißung des Messias für Israel und damit verbunden die Entfaltung des Neuen Bundes für Israel, wie wir in Römer 11, 25ff aus neutestamentlicher Sicht (unter Einbeziehung wichtiger alttestamentlicher Zitate) lesen können. Wie gesagt: Altes und Neues Testament stehen in dieser Hinsicht in ungebrochener Kontinuität.

„Denn ich will nicht, meine Brüder, dass euch dieses Geheimnis unbekannt bleibt, damit ihr euch nicht selbst für klug haltet: Israel ist zum Teil Verstockung widerfahren, bis die Vollzahl der Heiden eingegangen ist; und so wird ganz Israel gerettet werden, wie geschrieben steht: ‚Aus Zion wird der Erlöser kommen und die Gottlosigkeiten von Jakob abwenden, und das ist mein Bund mit ihnen, wenn ich ihre Sünden wegnehmen werde.'" (Römer 11, 25-27)

Welcher Bund wird durch den Neuen Bund ersetzt?

Abschließend eine wichtige Frage: Welcher Bund wird durch den Neuen Bund ersetzt? Welcher Bund ist der Alte Bund? Der Abrahambund? Der Sinaibund? Beide?

Lesen Sie Jeremia 31 oder auch Hebräer, Kapitel 8 – die Antwort ist eindeutig: Der Alte Bund, der durch einen neuen ersetzt wird, ist der Sinaibund – nicht der Abrahambund!

Jeremia 31, 31–33: *„Siehe, es kommen Tage, spricht der Herr, da ich mit dem Hause Israel und mit dem Hause Juda einen neuen Bund schließen werde; nicht wie* **der Bund, den ich mit ihren Vätern schloss an dem Tage, da ich sie bei der Hand ergriff, um sie aus dem Lande Ägypten auszuführen***; denn sie haben meinen Bund gebrochen, und ich hatte sie mir doch angetraut, spricht der Herr. Sondern das ist der Bund, den ich mit dem Hause Israel nach jenen Tagen schließen will, spricht der Herr: Ich will mein Gesetz in ihr Herz geben und es in ihren Sinn schreiben und will ihr Gott sein …“*

Hebräer 8, 6–9: *„Nun aber hat er einen umso bedeutenderen Dienst erlangt, als er auch eines besseren Bundes Mittler ist, der auf besseren Verheißungen ruht. Denn wenn jener erste Bund tadellos gewesen wäre, so würde nicht Raum für einen zweiten gesucht. Denn er tadelt sie doch, indem er spricht: ‚Siehe, es kommen Tage, spricht der Herr, da ich mit dem Haus Israel und mit dem Haus Juda einen neuen Bund schließen werde; nicht wie der Bund, den ich mit ihren Vätern gemacht habe an dem Tag,* **als ich sie bei der Hand nahm, um sie aus dem Land Ägypten zu führen** *– denn sie sind nicht in meinem Bund geblieben, und ich ließ sie gehen, spricht der Herr.‘“* Und an dieser Stelle zitiert der Autor des Hebräerbriefes Jeremia 31–33.

Wer dies begreift, hat Ausgangspunkt und Fundament von Gottes Heilsgeschichte mit Israel und den Völkern verstanden. Ein Fundament, das bis heute und für immer seine Gültigkeit bewahrt hat und weiter bewahren wird.

Für uns und unsere Generation von entscheidender Bedeutung ist die Tatsache, dass wir offenbar inmitten dieser biblisch-prophetisch vorhergesagten Zeitenwende leben: Das jüdische Volk wird von allen Nationen der Erde gesammelt (Jeremia 31, 1ff). Jerusalem kommt schrittweise wieder unter die Oberhoheit des jüdischen Volkes (Lukas 21, 24). Das Land blüht auf, die Städte werden wieder aufgebaut und bevölkert, die Landwirtschaft gedeiht außergewöhnlich (Hesekiel 36, 1ff). Und es ist nur eine Frage der Zeit, wann es letztendlich dazu kommt, dass „ganz Israel" gerettet werden wird (Römer 11, 26) und die Einwohner Jerusalems Jesus als ihren Messias erwarten und erkennen (Matthäus 23, 39).

Entscheidend ist an dieser Stelle, dass das Neue Testament sehr wohl einiges zu „Israel" zu sagen hat, zum Teil recht widersprüchliche Dinge, die sich jedoch im Verständnis der beiden grundlegenden Bündnisse – des Abrahambundes und des Sinaibundes – in ungebrochener Einheit mit dem Alten Testament sehr wohl einordnen und nachvollziehen lassen.

KAPITEL 5

Die Völker im Neuen Testament

Wenn es schon für viele Bibel lesende Christen schwierig ist, „Israel" im Neuen Testament zu entdecken, dann ist es sicher für noch mehr Christen schwierig, „die Völker" im Neuen Testament zu entdecken – wenn man vielleicht einmal vom Missionsbefehl absieht. Für mich war es ein längerer Weg, die nachfolgend skizzierten Zusammenhänge zu erkennen.

Zunächst einmal ist es eine erstaunliche Entdeckung, dass es gemäß der Aussage von Offenbarung 22, dem letzten Kapitel der Bibel, in der Ewigkeitsperspektive noch Völker geben wird. Manches, wie zum Beispiel die Eheschließung, wird es nicht mehr geben. Aber Völker schon noch. Daraus ergeben sich wichtige Fragen: Wird es noch alle Völker geben? Oder nur einen Teil der Völker? Und wenn ja, welche wird es noch geben und welche nicht? Wird Deutschland noch dabei sein? Wird Dein Volk noch dabei sein? Ist es Dir egal?

Matthäus 25, 31ff und das Gleichnis vom barmherzigen Samariter

Vor dem Hintergrund von Offenbarung 22 und vor dem Hintergrund von 1. Mose 12 kommt dem Gleichnis vom Völkergericht aus Matthäus 25, 31ff eine Schlüsselrolle zu.

Traditionell wird dieses Gleichnis in der Regel ähnlich ausgelegt wie das Gleichnis vom barmherzigen Samariter. Der Gläubige wird aufgerufen, sich um das Wohl seines bedürftigen Mitmenschen zu kümmern. Die Kernbotschaft lautet: „Liebe Deinen Nächsten wie Dich selbst." Eine der zentralsten Botschaften des Neuen Testaments!

Doch wenn man diese beiden Gleichnisse nacheinander liest, dann kommt man nicht umhin, neben dem Gemeinsamen, der Nächstenliebe, auch deutliche Unterschiede feststellen zu können:

- Im Gleichnis vom barmherzigen Samariter ist von einem Einzelnen die Rede. Im Gleichnis vom Völkergericht ist eindeutig von Völkern die Rede.

- Im Gleichnis vom barmherzigen Samariter wird kein zeitlicher Kontext genannt. Im Gleichnis vom Völkergericht ist eindeutig von der Wiederkunft des Herrn die Rede.

Auf diese Unterschiede wird in der Regel nicht näher eingegangen. Für unser Thema sind diese jedoch entscheidend.

Matthäus 25, 31ff und der Kontext von Matthäus 23–25

Vom Ende des 23. Matthäuskapitels bis zum Ende von Matthäus 25 geht es um das gleiche Hauptthema: Die Zukunft, genauer: Die Zeit zwischen dem ersten und dem zweiten Kommen Christi. Die Endzeit im engeren und im weiteren Sinne. Viele Theologen sind sich darüber einig, dass die Endzeit im weiteren Sinne mit dem Pfingstereignis begonnen hat. Umstritten ist, ab wann man biblisch von einer Endzeit im engeren Sinne reden darf.

Ich habe dieser Frage wiederum ein weiteres eigenes Buch gewidmet (Zeiten der Wiederherstellung, CVK-Verlag, Lübeck), weshalb ich hier nicht näher auf diese Frage eingehen möchte.

Klar ist für mich jedoch, dass das zeitliche Zusammentreffen der Rückführung der Juden und der Wiederherstellung Israels mit derart noch nie dagewesenen globalen christlichen Erweckungsbewegungen und einer ebenfalls einzigartigen Dynamik in Richtung Erfüllung des Missionsbefehls eine Häufung von Ereignissen darstellt, die eine Fülle von biblischen Kriterien liefern, welche die Annahme nahelegen, dass das zweite Kommen Jesu in großen Schritten näher rückt. Der größere Teil der o. g. Passage (Ende Kapitel 23 bis Ende Kapitel 25) handelt von dieser Zeitepoche, in der wir meines Erachtens nach leben, wie lange diese auch immer im Einzelnen noch dauern mag.

Wenn man vor diesem Hintergrund die drei Gleichnisse von Matthäus 25 näher betrachtet, dann fällt auf, dass alle drei Gleichnisse endzeitlichen Charakter haben. In allen drei Gleichnissen geht es um die Begegnung mit dem Herrn beziehungsweise um die Wiederkunft des Herrn. Das ist die Gemeinsamkeit dieser drei Gleichnisse. Doch darüber hinaus sind auch erhebliche Unterschiede zu erkennen. Insbesondere kann man bei genauerem Hinsehen erkennen, dass drei verschiedene Zielgruppen angesprochen sind. Und diesen drei Zielgruppen gegenüber erscheint der wiederkommende Herr in jeweils anderer Gestalt:

1. Im Gleichnis von den zehn (!) Jungfrauen kommt Jesus als der Bräutigam zurück. Sein Gegenüber ist die Braut, die Gemeinde Jesu. Das wird auch durch die Bedeutung der Zahl zehn angedeutet, eine Zahl, die von einem Kollektiv spricht (in der jüdischen Religion bildet z. B. ein Kollektiv von mindestens zehn (!) Männern einen „Minjan", eine Gemeinde). Doch mit dem Kommen Jesu erfolgt ein Gericht über die Gemeinde. Ein Teil wird verworfen. Ein Teil wird angenommen. Das entscheidende Kriterium für Gericht ist der Umgang der Gemeinde mit dem Öl – ein Bild für den Heiligen Geist.

2. Im Gleichnis von den Talenten kommt Jesus als Herr und Meister zurück. Er kommt zurück zu seinen Dienern, zu jedem Einzelnen. Auch kommt es zu einem Gericht. Zwei werden angenommen, einer wird zurückgewiesen. Das entscheidende Kriterium für das Gericht am Einzelnen ist der Umgang mit den uns anvertrauten Talenten.

3. Im Gleichnis vom Völkergericht geht es wiederum um die Wiederkunft Christi. Doch diesmal kommt er nicht als Bräutigam zu seiner Braut, nicht als Meister zu seinen Knechten, sondern als König und Richter über die Völker, die dritte Zielgruppe im Zusammenhang mit seiner Wiederkunft. Und das entscheidende Kriterium für das Gericht über die Völker ist die Frage nach dem barmherzigen Umgang mit dem „geringsten meiner Brüder".

So finden wir neben den Hinweisen aus dem Buch der Offenbarung hier im Matthäusevangelium einen weiteren wichtigen Hinweis darauf, dass die Völker vor Gott auch im neutestamentlichen Zeitalter noch von Bedeutung sind. Sein Anliegen, die Völker zu segnen, ist ein kontinuierliches Anliegen. Wir dürfen davon ausgehen, dass auch seine Bedingungen noch die gleichen sind – die Bereitschaft, Gottes einzigartige Berufung des jüdischen Volkes dankbar und demütig anzuerkennen.

Auf Grund dieser Annahme dürfen wir die Vermutung aussprechen, dass mit den „geringsten Brüdern Jesu" seine Brüder nach dem Fleisch gemeint sind – das jüdische Volk, insbesondere der Teil des jüdischen Volkes, der Jesus noch nicht als Messias erkannt hat. Die Art und Weise, wie Jesus in Matthäus 11 von Johannes dem Täufer und den anderen Gläubigen aus dem Alten Testament im Vergleich zu seinen an ihn gläubig gewordenen Jüngern spricht, verstärkt diese Beobachtung:

*„Als aber diese unterwegs waren, fing Jesus an, zu der Volksmenge über Johannes zu reden: Was seid ihr in die Wüste hinausgegangen zu sehen? Ein Rohr, das vom Wind bewegt wird? Oder was seid ihr hinausgegangen zu sehen? Einen Menschen, mit weichen Kleidern bekleidet? Siehe, die, welche weiche Kleider tragen, sind in den Häusern der Könige! Oder was seid ihr hinausgegangen zu sehen? Einen Propheten? Ja, ich sage euch: einen, der mehr ist als ein Prophet! Denn dieser ist's, von dem geschrieben steht: ‚Siehe, ich sende meinen Boten vor deinem Angesicht her, der deinen Weg vor dir bereiten soll'. **Wahrlich, ich sage euch: Unter denen, die von Frauen geboren sind, ist kein Größerer aufgetreten als Johannes der Täufer; doch der Kleinste im Reich der Himmel ist größer als er. "***   (Matthäus 11, 7–11)

KAPITEL 6

Israel und die Völker
in der Kirchengeschichte

Ehe wir weitergehen können, möchte ich einer Frage nachgehen, die mich sehr beschäftigt hat und bis heute sehr beschäftigt: Warum tun wir uns gerade als reformatorisch geprägte, insbesondere als evangelikal geprägte Christen so schwer, neben der individuellen Dimension von Gottes Erlösungshandeln auch die bleibend gültige kollektive Dimension seines Erlösungshandelns wahrzunehmen? Dazu folgende drei Überlegungen:

Gottes Verheißungen an „ganz Israel"
blieben vielen verborgen

Seit der Zeit der Kirchenväter, also seit der Zeit des 2.–5. Jahrhunderts, hat die Kirche eine bleibende, positive Bedeutung Israels vor Gott abgelehnt. Gängige Lehre war, dass die Kirche Israel ein für alle Mal ersetzt hat („Ersatztheologie").

Von Augustinus über Luther bis hin zum jungen Karl Barth (der seine Meinung dazu später revidierte) konnte man das „Geheimnis" des Paulus in Römer 11, 25ff, nämlich dass „ganz Israel" gerettet werde, nicht glauben, geschweige denn vertreten. Einzelne Juden ja. Aber das ganze Volk? Unmöglich! Noch viele Gläubige, Bibellehrer und Theologen stehen heute vor dem gleichen Problem. Hinter diesem Problem stehen oft Unklarheiten in Bezug auf die Bedeutung des Abrahambundes und des Sinaibundes in ihrer auf gegenseitige Ergänzung angelegten Unterschiedlichkeit: der Abrahambund ist auf ewig angelegt, der Sinaibund aber zeitlich begrenzt. Zur gegebenen Zeit wird dieser durch den Neuen Bund ersetzt, nämlich dann, wenn „ganz Israel" Rettung zuteil wird (Römer 11, 25-27):

> *„Denn ich will nicht, meine Brüder, dass euch dieses Geheimnis unbekannt bleibe, damit ihr euch nicht selbst für klug dünket, – dass Israel zum Teil Verstockung widerfahren ist, bis dass die Vollzahl der Heiden eingegangen sein wird und also ganz Israel gerettet werde, wir geschrieben steht: ‚Aus Zion wird der Erlöser kommen und die Gottlosigkeit von Jakob abwenden', und: ‚Das ist mein Bund mit ihnen, wenn ich ihre Sünden wegnehmen werde.'"*

Genau vor diesem Hintergrund haben die Juden im sogenannten christlich-europäischen Abendland unendlich viel Leid, Ablehnung, Verfolgung und Tod erlebt. Über mehr als 1.500 Jahre hinweg. Bis hin zum Holocaust. Hauptverfolger der Juden waren die Christen und die christlichen Kirchen Europas. Es gibt Untersuchungen, die besagen, dass während dieser über 1.500 Jahre in Europa etwa genauso viele Juden ums Leben gekommen sind wie während des Holocaust: Millionen. Ein Hauptgrund dafür waren diese problematischen theologischen Weichenstellungen in der Kirchenväterzeit, die sich über Generationen hinweg während der europäischen Kirchengeschichte bis in unsere Zeit hinein fortgepflanzt haben.

Und wo man keinen Blick für Gottes Verheißungen für „ganz Israel" gehabt hat, war dies auch kein bleibend gültiges Kriterium mehr für Gottes Segen oder Fluch in Richtung der Völker. Man hat diese Offenbarung unter der Überschrift der Diskontinuität dem Alten Testament zugeordnet ohne bleibende gegenwärtige und künftige, sprich neutestamentliche Relevanz.

Die „Konstantinische Wende" und das Tausendjährige Reich

Zu diesem ersten „blinden Fleck" kam noch ein zweiter hinzu. Augustinus, der wohl bedeutendste Kirchenvater und Theologe der Westkirche (also der römisch-katholischen Kirche im Unterschied zu den orthodoxen Kirchen im Osten Europas), stellte in seinem berühmten Werk „Der Gottesstaat" eine verhängnisvolle Weiche: Er behauptete, dass mit dem Sieg des Christentums im damaligen Römischen Reich (beginnend mit Kaiser Konstantin zu Beginn des 4. Jahrhunderts) das biblisch vorhergesagte „Tausendjährige Reich" begonnen habe.

Vereinfacht gesagt, kann man nun einige verheerende Konsequenzen der Ersatztheologie in dieser Fortführung des Augustinus erkennen: Israel wurde durch die Kirche ersetzt. Der Messias wurde durch den Papst ersetzt. Und Jerusalem durch Rom. Und die Verheißungen für das messianische Königreich blieben nicht einer künftigen Zeit vorbehalten – der Zeit nach dem zweiten Kommen Jesu, sondern wurden auf die Gegenwart angewendet. Dies war die Hauptursache dafür, dass die katholische Kirche des Mittelalters starke ideologische, diktatorische und militante Züge angenommen hat. Man wollte das Paradies auf Erden ohne den Messias und ohne das erlöste Zion (Israel, Jerusalem) aufrichten.

Eine Folge davon war, dass es im Mittelalter im Namen des Christentums unendlich viele Kriege und Kämpfe gegeben hat. Und dies hörte nach der Reformation nicht automatisch und überall auf. Man denke nur an den verheerenden 30-jährigen Krieg von 1618-1648, bei dem etwa ein Drittel der Menschen Mitteleuropas ums Leben gekommen sind. Und dies beim Kampf von katholischen Ländern und Herrschern gegen evangelische Länder und Herrscher.

Das Erbe des Pietismus

Es ist vor diesem Hintergrund völlig verständlich und geistlich wie auch historisch nur richtig gewesen, dass die pietistischen Erweckungen des 16. bis 18. Jahrhunderts erst einmal die Hauptbetonung weg von Gruppenzwang und kollektiven Einbindungen hin zur persönlichen Beziehung des einzelnen Menschen zu Jesus gelenkt haben. Darauf lag ein großer Segen. Viele der christlichen Folgeerweckungen des 19. und 20. Jahrhunderts sind von diesem Aspekt des pietistischen Erbes geprägt: Das eigene Seelenheil und das Seelenheil der Mitmenschen stehen im Zentrum, also Evangelisation, Mission und eine davon geprägte und darauf ausgerichtete Jüngerschaft.

Allerdings: So richtig und notwendig dies geistlich und historisch als Korrektiv zur vorausgegangenen Kirchengeschichte war, so darf dabei nicht übersehen werden, dass der „blinde Fleck" im Bezug auf Israel durch die Reformation und zum guten Teil auch die pietistischen Erweckungen insgesamt betrachtet nicht überwunden wurde. Mit einigen rühmlichen Ausnahmen allerdings, insbesondere im Bereich des Calvinismus und der Brüderbewegung, die sich dann auch in der neuen Welt (USA, Kanada, Australien und Neuseeland) recht weit verbreitet haben. In Europa blieben diese Ausnahmeerscheinungen jedoch meistens in der Minderheit. Bis in unsere Zeit hinein.

Nimmt man diese drei Faktoren zusammen, dann wird ein Stück weit verständlich, warum sowohl die „Israel-Frage" als auch die damit verbundene Frage nach der bleibenden Relevanz von Gottes Heilsgeschichte mit den Völkern, also der kollektiven Dimension von Segen und Fluch, vielen Christen in Europa bzw. solchen weltweit, die von Europa aus recht stark geprägt worden sind, verschlossen war und verschlossen geblieben ist.

KAPITEL 7

Das Völkergericht im Alten Testament – eine Einführung

Wir fassen das bisher Erörterte zusammen, um auf dieser Grundlage tiefer ins Alte Testament einzusteigen:

Rückblick und Zusammenfassung

Zunächst einmal durften wir feststellen, wie sehr Gott die Völker liebt. Vom Anfang bis zum Schluss. Er will sie segnen. Doch ähnlich, wie Adam und Eva im Garten Eden auf individueller Ebene gesündigt haben, taten dies die Völker mit dem Turmbau zu Babel auf kollektiver Ebene. Doch ähnlich, wie inmitten von Gericht Gott auf individueller Ebene eine Tür in Richtung Erlösung geöffnet hat – mit der Verheißung des „Sohnes", des Messias – hat Gott den Völkern inmitten von Gericht eine Tür in Richtung Segen geöffnet: Israel. Das Volk, das Israel segnet, darf mit Gottes Segen rechnen. Denn Israel ist dazu berufen, dass alle Völker durch es, durch das jüdische Volk, gesegnet werden. Das Volk aber, das nicht bereit ist, seinen Stolz beiseite zu legen und Gottes souveräne Erwählung des jüdischen Volkes demütig und dankbar anzuerkennen, muss mit Gottes Gericht rechnen.

Des Weiteren betrachteten wir die beiden ersten Bündnisse Gottes mit dem Volk Israel: Den Abrahambund und den Sinaibund. Beide Bündnisse sind auf Ergänzung angelegt. Der Abrahambund versiegelt Gottes Ur-Verheißungen und Gottes Ur-Berufung. Paulus (Römer 11, 28f) und Jesus (Römer 15, 8) bestätigen dies. Der Sinaibund stellt das Volk Israel jedoch vor eine Wahl: Im Gehorsam dürfen sie Gottes Segen erwarten, im Ungehorsam jedoch (zeitlich begrenztes) Gericht. Das weitreichendste Gericht ist gemäß 5. Mose 28, 64ff die weltweite Zerstreuung, die Jesus in Lukas 21, 24 als nahe liegendes Zukunftsereignis bekräftigt und aktualisiert. Doch als ein zeitlich begrenztes Ereignis, bis … – die Verheißung von 5. Mose 30, 4f und von vielen anderen Propheten (Jeremia 31, Hesekiel 36–37 etc.) in Erfüllung geht: Erst die physische Sammlung des jüdischen Volkes und dann schließlich die Errettung von „ganz Israel" (Römer 11, 25f), die vollständige Wiederherstellung Jerusalems unter jüdische Oberhoheit (Lukas 21, 24) und die Annahme des Messias von den Einwohnern Jerusalems (Matthäus 23, 39) und im Zusammenhang mit der Wiederkunft Jesu das letztendliche, endzeitliche Gericht über die Völker! (Matthäus 25, 31ff)!

Wir sprachen im Zusammenhang mit dem Alten und dem Neuen Testament über Offenbarungslinien der Kontinuität und der Diskontinuität. Der Abrahambund und der Sinaibund (der für Israel irgendwann einmal durch den Neuen Bund auf kollektiver Ebene ersetzt werden wird) sind alttestamentliche Grundlagen, die, wie von Jesus und Paulus bestätigt, in das neutestamentliche Zeitalter hineinreichen. Offenbarungslinien mit Kontinuität. Überall dort, wo das Neue Testament alttestamentliche Offenbarungslinien aufgreift, ihre bleibende Gültigkeit voraussetzt oder ausdrücklich bestätigt, handelt es sich um Offenbarungen und Wahrheiten, die im Alten Testament ihren Ausgangspunkt haben, aber im Neuen Testament ihre ungebrochene Fortsetzung finden. Da die Betonung des Neuen Testamentes eindeutig auf der persönlichen, individuellen Erlösung, Gottesbeziehung und Nachfolge Jesu liegt, treten manche dieser kontinuierlichen, überindividuellen Aussagen im Neuen Testament nur vereinzelt auf. Aber das genügt, um die Kontinuität erkennen und anerkennen zu können. Wenn man zu diesen Themen mehr erfahren möchte, muss man die alttestamentlichen Aussagen zum besagten Thema suchen – und dann bekommt man ein vollständigeres Bild.

Das Gleiche gilt für die Rede vom Völkergericht in Matthäus 25, 31ff. Nirgendwo im Neuen Testament ist so klar von diesem Ereignis die Rede. Aber dieses eine Mal genügt, um die Kontinuität dieser alttestamentlichen Thematik zu bestätigen. Und der Zusammenhang, die Endzeitreden Jesu und die drei endzeitlichen Gleichnisse mit den drei unterschiedlichen Zielgruppen, gibt dieser Aussage eine eindeutige Zuordnung und großes Gewicht. Auch hier gilt das Prinzip: Wenn es sich um ein Thema von kontinuierlicher Bedeutung handelt und wenn wir dazu mehr wissen möchten, dann müssen wir uns dem Alten Testament zuwenden und nach weiteren Hinweisen zur gleichen Thematik Ausschau halten.

Völkergericht im Alten Testament

Das Thema „Völkergericht" im Alten Testament ist ein Thema, das immer wieder auftaucht. Es gibt reihenweise Prophetien von den unterschiedlichsten Propheten mit zum Teil sehr detaillierten Gerichtsankündigungen, insbesondere über Israels Nachbarvölker. Manchmal werden sie von Gott geradezu eingeladen, als Werkzeuge des Gerichts gegen Israel tätig zu werden. Oft werden sie jedoch selbst von Gott gerichtet, weil sie entweder eigenmächtig gegen Israel agiert haben oder weil sie weit über das Maß hinausgegangen sind, das Gott ihnen zugemessen hat.

Eine große Herausforderung für den Bibelleser und für den Bibellehrer ist, zu unterscheiden, welche Gerichtsankündigungen der Nahzeit und welche der Endzeit zugedacht sind. Der weitaus größere Teil der Gerichtsankündigungen gegen die Nationen sind der Nahzeit zugedacht, also der Zeit und der Generation, in denen der Prophet und seine Zuhörer leben. Aber bei weitem nicht alle. Einige der Völkergerichtsprophetien sind endzeitlicher Natur.

Der endzeitliche Charakter solcher Gerichtsprophetien gegen die Völker wird zum Beispiel daran erkennbar, dass in diesem Zusammenhang vom „Tag des Herrn" die Rede ist. Etwas vereinfachend kann man sagen, dass der „Tag des Herrn" im Alten Testament der „Tag der Wiederkunft des Herrn" im Neuen Testament ist, also die Zeit des zweiten Kommens Jesu.

Zusätzlich dazu, oder stattdessen, können auch im Zusammenhang mit den endzeitlich gemeinten Aussagen andere eindeutig endzeitlich gemeinte Phänomene erwähnt werden: Zum Beispiel endzeitliche Himmelsphänomene wie die Erschütterung des Himmels, die Verfärbung von Sonne und Mond oder ähnliches. Hier ähneln sich die alttestamentliche Sprache und die neutestamentliche Sprache sehr, so dass man diese alttestamentlichen Aussagen als Kenner des Neuen Testaments gut wiedererkennen kann.

Die endzeitliche Zuspitzung

Wenn man sich nun auf die Suche nach eindeutig endzeitlich ausgerichteten, prophetischen Hinweisen zum Völkergericht macht, findet man bei vielen Propheten den einen oder anderen Hinweis. Und nicht nur dort. Wir haben zum Beispiel Psalm 2 gelesen, der sich eindeutig mit der rebellischen Völkerwelt und der maßgeblichen Rolle des Messias und Zions befasst. Die letztgenannten Aussagen haben eindeutig endzeitlichen Charakter. Hier wird der Messias nicht als sanftes Lamm, sondern als der „Löwe von Juda" beschrieben, der aus Zion heraus brüllt und die Völker in ihre Schranken weist.

Doch von den vielen Hinweisen und Fragmenten zu unserem Thema „endzeitliches Völkergericht" ragen zwei Propheten und ihre Aussagen wie weit überragende Gipfel in einem breitgefächerten Bergmassiv heraus: Die Aussagen des Propheten Joel in Kapitel 4 und die Aussagen des Propheten Sacharja in den Kapiteln 12–14. Die Aussagen, die wir in diesen vier Kapiteln zu unserem Thema finden, sind so differenziert und gleichzeitig in ihrer Klarheit so präzise und dramatisch, dass sie uns für den Zweck dieser Darlegung genügen sollen, um das Bild, das uns in Matthäus 25, 31ff gegeben ist, auf erstaunliche Weise zu vervollständigen. Diesen Kapiteln wollen wir uns nun näher zuwenden.

KAPITEL 8

Das endzeitliche Völkergericht im Propheten Joel

Im vierten Kapitel des Propheten Joel finden wir eine intensive, dramatische Schilderung des endzeitlichen Völkergerichtes. Lesen wir die Verse 1–2 und 14–16:

> *„Denn siehe, in jenen Tagen und zu jener Zeit, wenn ich das Geschick Judas und Jerusalems wende, da werde ich alle Heidenvölker versammeln und sie ins Tal Josaphat hinabführen; und ich werde dort mit ihnen ins Gericht gehen wegen meines Volkes und meines Erbteils Israel, weil sie es unter die Heidenvölker zerstreut und mein Land verteilt haben …"*

> *„Scharen um Scharen [treffen ein] im Tal der Entscheidung; denn nahe ist der Tag des Herrn im Tal der Entscheidung. Sonne und Mond kleiden sich in Trauer, und die Sterne verlieren ihren Schein, und der Herr wird aus Zion brüllen und von Jerusalem her seine Stimme hören lassen, dass Himmel und Erde zittern; aber der Herr ist eine Zuflucht für sein Volk und eine feste Burg für die Kinder Israels."*

Am Anfang wird das Thema benannt: Gottes Gericht in Bezug auf Israel. Es wird auch der Ort genannt: Das Tal Josaphat, welches in Vers 14 das „Tal der Entscheidung" genannt wird.

Das Tal der Entscheidung

Die Gelehrten sind sich uneins, welches Tal, welcher Ort genau gemeint ist. Manche meinen, es sei das Hinnom-Tal, unmittelbar vor der Altstadt Jerusalems. Doch das hügelige Gelände würde größeren Heerscharen zu wenig Platz bieten. Manche verbinden diese Entscheidungsschlacht mit der Schlacht von Armageddon (Har Megiddo – Berg Megiddo; Megiddo liegt im Norden Israels im Jezreel-Tal zwischen dem Mittelmeer südlich von Haifa und dem See Genezareth; dieses Tal war in der Antike öfter ein Ort entscheidender Schlachten). Andere Wissenschaftler gehen davon aus, dass es sich um das südliche Jordantal handelt. Eindeutig lässt es sich wohl nicht bestimmen und der exakte Ort ist nicht entscheidend; es bleibt die Tatsache, dass es zu einem solchen endzeitlichen Konflikt in „Erez Israel", dem Land Israel, kommen wird.

Die zeitliche Zuordnung

Es gibt in diesem Kapitel eine Reihe von Hinweisen, die deutlich unterstreichen, dass es sich bei dieser Prophetie um ein Szenario handelt, dessen Erfüllung noch in der Zukunft liegt. Die wichtigsten davon seien genannt:

1. Vers 1a: *„In jenen Tagen und zu jener Zeit …"*: Wir dürfen die Frage stellen, von welchen Tagen und von welcher Zeit die Rede ist. Der nächstliegende Bezug sind die Tage und Zeiten, von denen unmittelbar zuvor in Kapitel drei die Rede war. Und das sind die Tage der weltweiten Ausgießung des Heiligen Geistes (s. Joel 3, 1ff). Gemäß der Predigt des Petrus zu Pfingsten begann die Erfüllung dieser Prophetie mit der Geistausgießung zu Pfingsten:

„Und es wird geschehen in den letzten Tagen, spricht Gott, da werde ich ausgießen von meinem Geist auf alles Fleisch; und eure Söhne und eure Töchter werden weissagen, und eure jungen Männer

werden Gesichte sehen, und eure Ältesten werden Träume haben;
ja, auch über meine Knechte und über meine Mägde werde ich in
jenen Tagen von meinem Geist ausgießen, und sie werden weissagen.
Und ich will Wunder tun oben am Himmel und Zeichen unten auf
Erden, Blut und Feuer und Rauchdampf; die Sonne wird sich in
Finsternis verwandeln und der Mond in Blut, ehe der große und
herrliche Tag des Herrn kommt. Und es soll geschehen: Jeder, der den
Namen des Herrn anruft, wird errettet werden."

(Apostelgeschichte 2, 17–21)

Es begann mit Pfingsten. Doch die endgültige Erfüllung dieses Geschehens wird erst dann abgeschlossen sein, wenn der Missionsbefehl unter den Nationen erfüllt und schließlich „ganz Israel" gerettet sein wird. Auf jeden Fall dürfen wir wissen, dass „jene Tage und jene Zeiten" neutestamentliche Tage und neutestamentliche Zeiten sein werden.

2. Vers 1b: „… *wenn ich das Schicksal Judas und Jerusalems wenden werde* …": Hier wird die zeitliche Eingrenzung noch erheblich präziser. Wann in neutestamentlicher Zeit hat sich das Schicksal Judas und Jerusalems grundsätzlich zum Guten gewendet? Auf jeden Fall nicht in den fast zweitausend Jahren der jüdischen Diaspora. Erst in den letzten Jahrzehnten, mit der Rückkehr der Juden im großen Stil, mit der Staatsgründung, mit der Wiederherstellung von Volk und Land auf biblischem und historischem Boden, erst mit der von Jesus vorhergesagten (noch nicht abgeschlossenen) Wiederherstellung Jerusalems unter jüdischer Oberhoheit erfolgt eine Schicksalswende in historischer Dimension und Größenordnung. Joel spricht also vom Ende der Endzeit, von der Zeit, die im Neuen Testament mehrmals durch das Wörtchen „bis" als weitreichende Zeitenwende markiert ist.

3. Schließlich finden wir im Umfeld dieser Prophetie weitere endzeitliche Schlüsselbegriffe oder Schlüsselphänomene genannt:

Joel 3, 4: Der Tag des Herrn.

Joel 4, 15: Endzeitliche Himmelsphänomene.

Joel 4, 16: Und besonders beachtenswert ist, dass zuletzt wie in Psalm 2 und in Matthäus 25, 31ff der Messias in Aktion tritt, der von Zion aus die feindlichen Völker bedroht.

Abschließend und zusammenfassend darf gesagt werden, dass es in dieser Passage eine Fülle von gleichlautenden Hinweisen dahingehend gibt, dass die biblisch-prophetische Rede vom „Tal der Entscheidung" auf ein Ereignis hindeutet, das noch in der Zukunft liegt. Mit anderen Worten: Zur betreffenden Zeit werden alle Völker bezüglich ihres Verhältnisses zu Israel vor eine letzte, endzeitliche und endgültige Entscheidung gestellt werden.

Die drei Kriterien des Gerichts

In Joel 4, 2–3 werden die maßgeblichen Kriterien genannt, nach denen der Weltenrichter sein Urteil über die Nationen fällen wird:

„… da werde ich alle Heidenvölker versammeln und sie ins Tal Josaphat hinabführen; und ich werde dort mit ihnen ins Gericht gehen wegen meines Volkes und meines Erbteils Israel, weil sie es unter die Heidenvölker zerstreut und mein Land verteilt haben; und weil sie über mein Volk das Los geworfen haben und den Knaben für eine Hure hingegeben und das Mädchen um Wein verkauft und vertrunken haben."

1. *Sie haben mein Volk unter die Völker zerstreut:* Das ist im Verlauf der Geschichte Israels immer wieder vorgekommen. Die Juden wurden von Fremdmächten gewaltsam aus ihrem Land entwurzelt. Das geschah unter den Assyrern, den Babyloniern, den Persern (da allerdings auch die Rückführung aus dem babylonischen Exil), in etwas anderer Form unter den Griechen und dann entscheidend und mit den langfristigsten

Konsequenzen unter den Römern in Folge der Niederschlagung der beiden jüdischen Aufstände um 70 und um 135 nach Christus. Allerdings kam es auch in der Diaspora immer wieder zu gewaltsamen Vertreibungen jüdischer Menschen, wenn auch nicht aus ihrem Land, so doch aus der jeweiligen Heimat. Die größten Fluchtbewegungen dieser Art gab es dann im Vorfeld und während des Zweiten Weltkrieges. Von den 12–13 Millionen europäischen Juden um 1940 herum sind ca. 6 Millionen ums Leben gekommen. Fast alle anderen waren auf die eine oder andere Weise auf der Flucht.

2. *Sie haben mein Land aufgeteilt:* Hier treffen wir auf ein hochaktuelles Thema – die Aufteilung des Landes, das Gott dem jüdischen Volk zugewiesen hat, durch nichtjüdische Mächte. Der Völkerbund (zwischen dem Ersten und Zweiten Weltkrieg), die Vereinten Nationen (nach dem Zweiten Weltkrieg) und viele Nationen aus der moslemischen und aus der säkularen Welt machen sich heute in dieser Weise an Israel und am Gott Israels schuldig. Manche mit schlechten Motiven, manche mit besseren Motiven. Gleichwohl: Das Volk und die Regierung, welche die Einzigartigkeit des Landes als geistlich und historisch dem jüdischen Volk zugehörig nicht respektieren, stellen sich gegen Gott und seine Ordnungen.

3. *Sie haben jüdisches Leben gering geschätzt:* So kann man wohl den Satz mit der Dirne und der Flasche Wein zusammenfassen. Diejenigen Nationen, die jüdisches Leben gering schätzen – nicht mehr wert als der Preis für eine billige Hure oder eine billige Flasche Wein – müssen mit Gottes Gericht rechnen. Im Verlauf der europäischen Geschichte, spätestens seit der Zeit der Kreuzritter, war dies leider immer wieder der Fall. Während des Holocaust war das Leben der Juden noch mehr gefährdet! Und spätestens seit der Staatsgründung

Israels ist jüdisches Leben in der moslemischen Welt immer mehr bedroht und gefährdet.

Was diese Kriterien für Gottes Gericht über die Völker betrifft, sind zwei Sachen festzustellen.

Zum einen: Die drei Anliegen, die Gott in besonderer Weise unter seinen Schutz stellt, sind die Anliegen, die der Kernberufung Gottes an Abraham, Isaak und Jakob zuzuordnen sind: Es geht 1) um den Schutz des jüdischen Volkes, 2) um den Schutz des Landes und damit verbunden um die einzigartige Verbindung zwischen Volk und Land sowie 3) um Gottes Wahl und Berufung Israels als Segensquelle für die Völkerwelt. Es geht somit um die entscheidenden Merkmale der Ur-Berufung an Abraham (1. Mose 12), die im Abrahambund (1. Mose 15) von Gottes Seite aus besiegelt worden sind: Die Landverheißung, die Verheißung der Nachkommenschaft und die Berufung zum Segen für die Völker – verbunden mit der Aufforderung an die Völker, ihrerseits Israel zu ehren und zu segnen.

Zum zweiten: Das dritte Kriterium, die Warnung an die Völker, jüdisches Leben gering zu schätzen, entspricht im Kern dem Kriterium, das in Matthäus 25, 31ff als der zentrale Grund für die Scheidung von „Schafnationen" und „Bocknationen" genannt ist: Die Völker, welche den „geringen Brüdern Jesu" in Zeiten von Not und Bedrängnis nicht zu Hilfe kommen (oder gar Ursache der Not und der Bedrängnis sind), werden vom Weltenrichter Jesus zurückgewiesen.

Aus der Perspektive Joels kann man also zusammenfassend sagen, werden die Informationen, die wir von Matthäus zum Völkergericht bekommen haben, bestätigt, konkretisiert und etwas ergänzt. Noch plastischer wird das Szenario, wenn wir die drei letzten Kapitel des Propheten Sacharja in Betracht ziehen.

KAPITEL 9

Jerusalem rückt in das Zentrum des Konflikts

Die letzten drei Kapitel des Propheten Sacharja vervollständigen das bisher rekonstruierte Szenario in sehr bedeutsamer Weise. Es ist bei den Auslegern nicht unumstritten, ob die drei letzten Kapitel in inhaltlicher Hinsicht eine Einheit bilden oder ob das Kapitel 13 etwa einer anderen Epoche oder einem anderen Zusammenhang zugeordnet werden sollte. Meiner Einschätzung nach spricht jedoch viel mehr für die Zusammengehörigkeit der drei Kapitel als dagegen. Vereinfacht gesagt beschreiben die Kapitel 12 und 14 die Makroperspektive und das Kapitel 13 gibt Einblick in die inneren Prozesse des Volkes Israel während dieser Zeit. Also zwei Betrachtungsweisen ein und desselben Geschehens. Welche Informationen nun enthalten diese drei Kapitel?

Die Zentralität Jerusalems in dem dargestellten Geschehen wird schon in den ersten Versen von Kapitel 12 deutlich und setzt sich in die Anfangspassage von Kapitel 14 hinein fort:

„Dies ist die Last, das Wort des Herrn über Israel: Es spricht der Herr, der den Himmel ausspannt und die Erde gründet und den Geist des Menschen in seinem Inneren bildet: Siehe, ich mache Jerusalem zum Taumelkelch für alle Völker ringsum, und auch über

Juda wird es kommen bei der Belagerung Jerusalems. Und es soll geschehen an jenem Tag, dass ich Jerusalem zum Laststein für alle Völker machen werde; alle, die ihn heben wollen, werden sich gewisslich daran wund reißen; und alle Heidenvölker der Erde werden sich gegen es versammeln. "   (Sacharja 12, 1-3)

„Siehe, es kommt ein Tag für den Herrn, da wird man deine Beute verteilen in deiner Mitte! Da werde ich alle Heidenvölker bei Jerusalem zum Krieg versammeln; und die Stadt wird erobert, die Häuser werden geplündert und die Frauen geschändet werden; und die Hälfte der Stadt muss in die Gefangenschaft ziehen; der Überrest des Volkes aber soll nicht aus der Stadt ausgerottet werden. Aber der Herr wird ausziehen und gegen jene Heidenvölker kämpfen, wie [damals] am Tag seines Kampfes, am Tag der Schlacht. "   (Sacharja 14, 1-3)

Wenn wir genauer hinsehen, erkennen wir wichtige Details dieses Szenarios.

Jerusalem als „Taumelkelch" für die umliegenden Völker

Im Sacharja 12, 2 ist von der Feindschaft der Nachbarvölker gegen Israel die Rede. In dieser Schilderung wird Jerusalem mit dem Begriff „Taumelkelch" umschrieben. Das Wort Taumelkelch oder Zornesbecher wird im Alten Testament öfters verwendet und hat darüber hinaus in der Antike einen weit verbreiteten Bedeutungshintergrund. Zunächst einmal ist damit ein mit Drogen versetzter Kelch mit Wein gemeint. Diese Kombination aus Drogen und Wein ist in der Regel dazu gedacht, jemanden in einen Rauschzustand zu versetzen, in einen Zustand der Unzurechnungsfähigkeit. Es sind auch Fälle bekannt, in denen sich Menschen durch eine Überdosis dieses Gemisches das Leben genommen haben. Das berühmteste Beispiel ist Sokrates. Darüber hinaus wird das Bild des

Taumelbechers im Alten Testament auch öfters für ein Bild des Zornes Gottes genannt.

All diese Bilder und Konnotationen haben eine erstaunlich aktuelle Relevanz. Die jüdische Wiederinbesitznahme Jerusalems in den Jahren 1948 und 1967 löste insbesondere in der moslemischen Welt eine ungeahnte und abgrundtiefe Welle des Hasses gegen das jüdische Volk und gegen Israel aus. Ein Hass, der irrational ist und der in seiner innersten Mitte nur dämonisch genannt werden kann – vergleichbar mit dem Hass, den Hitler und die Nationalsozialisten auf Juden gehabt haben. Ein Hass, dem mit den Mitteln westlicher Vernunft und Diplomatie letztlich nicht beizukommen ist.

Wir erinnern uns an die Aussage Jesu in Lukas 21, 24, als er vorhersagte, dass Jerusalem wieder vollständig unter jüdische Souveränität kommt – sobald das „Zeitalter der Nationen" zu Ende gegangen sein wird. Die Erfüllung dieses Geschehens erfolgt schritt- und phasenweise. Wie gesagt: Ein großer Schritt erfolgte 1948. Ein zweiter großer Schritt 1967. Aber der Tempelberg ist nach wie vor unter geteilter Souveränität: geteilt zwischen dem Staat Israel und einer moslemischen Instanz (Waqf). Dieser Konflikt ist gemäß der Einschätzung vieler Fachleute das derzeit größte Hindernis zu einem dauerhaften und echten Frieden im Nahen Osten. Denn hier geht es um mehr als um Land zum Wohnen, als einen Streit um Grenzen oder selbst als die schwierige humanitäre Frage nach dem Schicksal der palästinensischen Flüchtlinge. Es geht um die Frage: Wer ist Gott? Allah oder der Gott Israels? Oder – um eine künftige dritte Alternative zu nennen: Der Antichrist? Hier liegt die tiefste Wurzel des Nahostkonflikts und die Bibel sagt voraus, dass bis zum Erscheinen des Messias diese Frage nicht wirklich und dauerhaft zur Ruhe kommen kann und kommen wird.

Jerusalem als „Laststein" für „alle Nationen"

In Sacharja 12, 3 ist schließlich davon die Rede, dass dieser zunächst eher regionale Konflikt sich in eine globale Dimension hinein weiterentwickeln wird. Es ist von „allen Völkern" die Rede. Und für Jerusalem wird ein anderes Bild verwendet – nicht mehr der Taumelkelch, sondern der „Laststein", an dem sich alle Völker, die ihn versetzen wollen, wund reißen werden:

„Und es soll geschehen an jenem Tag, dass ich Jerusalem zum Laststein für alle Völker machen werde; alle, die ihn heben wollen, werden sich gewisslich daran wund reißen; und alle Heidenvölker der Erde werden sich gegen es versammeln." (Sacharja 12, 3)

Auch hier ist es hilfreich, die vom Propheten verwendete Bildsprache näher zu untersuchen. Was ist mit dem Laststein gemeint, den die Völker heben und anders positionieren wollen? Im Alten Testament werden Steine öfter in ihrer Funktion als Grenzsteine erwähnt. Die Aussage, dass der „Laststein Jerusalem" gehoben und versetzt werden soll, bestätigt diese Zuordnung. Damit will gesagt werden, dass Gott Jerusalem eine bestimmte Funktion und Bestimmung gegeben hat.

Die Rede ist von einer gottgegebenen Bestimmung, die sich schon in der Begegnung zwischen Abraham und dem Priesterkönig Melchisedek (1. Mose 14, 18–20) angebahnt hat, eine Berufung, die unter König David ihre erste Blüte erlebte, eine Stadt mit weltweitem priesterlichem und königlichem Auftrag, eine einzigartige Funktion, die im ersten Kommen Jesu, seinem Dienst, seinem stellvertretenden Sterben als Passahlamm für die gesamte Menschheit und seiner Auferstehung in dieser Stadt eine weitere Dimension der Entfaltung erlebt hat. Und einer Berufung, die im messianischen Zeitalter unter dem priesterlichen und königlichen Dienst des Messias seine letztendliche Würde und Entfaltung erleben wird. Die „Stadt des großen Königs", wie es in Psalm 48, 3 und in Matthäus 5, 35 heißt. Dies und manches mehr ist der Status Jerusalems aus Gottes Perspektive.

Doch dieser Status ist nicht unumstritten. Verschiedene Gruppen von Menschen hatten oder haben andere Statusvorstellungen: Die Griechen, die Römer, die Katholiken (Kreuzritter), die Moslems und in jüngerer Zeit vor allem die Vereinten Nationen, um nur einige zu nennen. Und die Vereinten Nationen arbeiten seit ihrer Gründung nach dem Zweiten Weltkrieg daran, ihre Vorstellungen von einem internationalen (also nicht jüdischen) Jerusalem voranzutreiben.

Wenn wir Vers 9 dieses Kapitels noch mit hinzunehmen, dann wird deutlich, dass die gesamte Völkerwelt sich am Kampf gegen ein (jüdisches) Jerusalem beteiligt:

„Und es wird geschehen an jenem Tag, dass ich danach trachten wer-de, alle Heidenvölker zu vertilgen, die gegen Jerusalem anrücken."

(Sacharja 12, 9)

Wir sehen also, dass das, wovon Joel in Kapitel 4 gesprochen hat, nämlich der endzeitliche militärische Aufmarsch der Völker gegen Israel, hier ebenfalls angesprochen ist, allerdings mit der Zuspitzung dahingehend, dass Jerusalem im Zentrum dieses Konflikts stehen wird.

Die letzte Phase des Kampfes um Jerusalem

Wir machen jetzt einen Sprung von Sacharja 12, 9 hin zu Sacharja 14, 1–3. In den Passagen dazwischen rückt eine andere wichtige Facette des Szenarios in das Zentrum der Aufmerksamkeit. Wir werden uns diesem gleich widmen. Doch in Kapitel 14, 1ff wendet sich der Prophet wieder dem Kampf um Jerusalem zu. Wir lesen nochmals:

„Siehe, es kommt ein Tag für den Herrn, da wird man deine Beu-
te verteilen in deiner Mitte! Da werde ich alle Heidenvölker bei
Jerusalem zum Krieg versammeln; und die Stadt wird erobert, die
Häuser werden geplündert und die Frauen geschändet werden; und
die Hälfte der Stadt muss in die Gefangenschaft ziehen; der Über-
rest des Volkes aber soll nicht aus der Stadt ausgerottet werden. Aber
der Herr wird ausziehen und gegen jene Heidenvölker kämpfen, wie
[damals] am Tag seines Kampfes, am Tag der Schlacht.“

(Sacharja 14, 1–3)

Die Auseinandersetzung strebt demnach auf einen letzten, entscheidenden Höhepunkt zu. Halb Jerusalem wird von den antiisraelischen Mächten eingenommen werden. Die grauenvollen Be-
gleiterscheinungen von Krieg und gewaltsamen Eroberungen wie
tödliches Getümmel, massive Zerstörungen und massenhafte Ver-
gewaltigungen werden erwähnt. Jerusalem scheint wieder einmal
für das jüdische Volk unumkehrbar verloren zu sein, wenn nicht
Gott selbst auf mehr als erstaunliche Weise eingreifen würde, wie
wir in Kapitel 11 noch näher erörtern werden.

Vor diesem Hintergrund macht der leidenschaftliche Aufruf des
Propheten Jesaja zum Gebet für Jerusalem einen letztendlichen
Sinn. Jerusalem verdient immer unser segnendes Gebet. Gottes
Verheißungen für Jerusalem, die untrennbar und umfassend ver-
knüpft sind mit Gottes Verheißungen, Gnadengaben und Beru-
fungen für das jüdische Volk, bedürfen umso mehr unseres Gebets
als Gläubige aus der Völkerwelt, als der geistliche und der äußere
Konflikt um Jerusalem seiner letztendlichen Zuspitzung und dem
damit verbundenen Finale entgegengeht: 1917 (die Eroberung Jerusalems am Ende des Ersten Weltkrieges durch General Allenby
und die britischen Streitkräfte), 1948 und 1967 markieren in der
Neuzeit die wichtigsten Meilensteine auf diesem Weg der (äußerst umkämpften) Wiederherstellung Jerusalems unter jüdischer

Souveränität. Die Auseinandersetzungen um den Tempelberg im Rahmen der aktuellen Mischung aus Friedensverhandlungen und Drohgebärden von den Nachbarvölkern, wie auch zunehmend von „allen Völkern", scheinen, wie in Wellenbewegungen oder in „Wehen" (Matthäus 24, 8), sich auf dieses biblische Endzeitszenario zuzubewegen. Und wir Christen aus der Völkerwelt sind eingeladen, diese Entwicklungen im Gebet zu begleiten, wie wir von Jesaja in Kapitel 62, 1–7 ermutigt werden:

„Um Zions willen schweige ich nicht, und um Jerusalems willen lasse ich nicht ab, bis seine Gerechtigkeit hervorbricht wie Lichtglanz und sein Heil wie eine brennende Fackel. Und die Heiden werden deine Gerechtigkeit sehen und alle Könige deine Herrlichkeit; und du wirst mit einem neuen Namen genannt werden, den der Mund des Herrn bestimmen wird. Und du wirst eine Ehrenkrone in der Hand des Herrn sein und ein königliches Diadem in der Hand deines Gottes. Man wird dich nicht mehr ‚Verlassene' nennen und dein Land nicht mehr als ‚Wüste' bezeichnen, sondern man wird dich nennen ‚Meine Lust an ihr' und dein Land ‚Vermählte'; denn der Herr wird Lust an dir haben, und dein Land wird wieder vermählt sein. Denn wie ein junger Mann sich mit einer Jungfrau vermählt, so werden deine Söhne sich mit dir vermählen; und wie sich ein Bräutigam an seiner Braut freut, so wird dein Gott sich an dir freuen. O Jerusalem, ich habe Wächter auf deine Mauern gestellt, die den ganzen Tag und die ganze Nacht nicht einen Augenblick schweigen sollen. Die ihr den Herrn erinnern sollt, gönnt euch keine Ruhe! Und lasst ihm keine Ruhe, bis er Jerusalem [wieder] *aufrichtet, und bis er es zum Ruhm auf Erden setzt!"* (Jesaja 62, 1–7)

KAPITEL 10

Israel wird Erweckung und Rettung zuteil

Während der Aufmarsch der Völker gegen Israel im Allgemeinen und der Kampf der Völker gegen Jerusalem im Besonderen immer heftiger werden, geschehen an und in Israel selbst erstaunliche Dinge: Der Heilige Geist wird ausgegossen über das Volk. In einer kollektiven, nationalen Größenordnung wird ihnen die sprichwörtliche „Decke" (2. Korinther 3, 14–16) von den Augen genommen werden und sie werden Jesus als ihren Messias erkennen. Sie werden als ein Volk durch einen tiefen Prozess der Buße und der inneren Reinigung gehen. Vor allem die Führungseliten Israels werden sich damit schwer tun, sich dagegen stellen und mit Gottes Gericht konfrontiert werden. Der äußere Kampf läuft dabei weiter und spitzt sich in Richtung einer letzten Entscheidung zu. Und in diesem Moment, wenn die militärische Auseinandersetzung schon endgültig verloren zu sein scheint, greift der Messias selbst in die Schlacht ein, indem er mit großer Macht wiederkommt, seine Füße auf den Ölberg setzt, die Feinde Israels richtet und das an den Messias gläubig gewordene Volk sowie die Stadt Jerusalem und das ganze verheißene Land von den Feindesmächten befreit und das messianische Zeitalter einläutet. Das etwa ist die Zusammenfassung von Sacharja 12, 10 bis Sacharja 14, 4! Doch gehen wir Schritt für Schritt vor.

Der Geist der Gnade und des Flehens

In der Passage zwischen Sacharja 12, 3 und 12, 9 werden zwei gegenläufige Entwicklungen dargestellt: In Vers 3 heißt es: „… *alle Nationen der Erde werden sich gegen sie* (Jerusalem) *versammeln.*" Danach folgt die Schilderung, wie einerseits der Herr selbst die feindlichen Armeen mit gegen sie gerichteten Maßnahmen schwächt und andererseits gleichzeitig die Einwohner Israels und Jerusalems auf übernatürliche Weise stärkt. Die Höhepunkte beider Entwicklungen finden sich in den Versen 9 und 10 geschildert:

> „*Und es wird geschehen an jenem Tag, dass ich danach trachten werde, alle Heidenvölker zu vertilgen, die gegen Jerusalem anrücken.*"
>
> (Sacharja 12, 9)

Hier wird zum ersten Mal in diesen drei Kapiteln die Vernichtung der Nationen angedeutet, die gegen Israel und Jerusalem aufmarschiert sind.

> „*Aber über das Haus David und über die Einwohner von Jerusalem will ich den Geist der Gnade und des Gebets ausgießen …*"
>
> (Sacharja 12, 10a)

Hier findet in der Ausgießung des Heiligen Geistes in Form eines Geistes „der Gnade und des Flehens" das zunehmende, übernatürliche Eingreifen Gottes zu Gunsten Israels und Jerusalems seinen ersten Höhepunkt. Dabei ist die Wortwahl bedeutungsvoll. Es ist eine Wortwahl der Demut. Der Heilige Geist eröffnet und offenbart den jüdischen Menschen ihre Gnadenbedürftigkeit. Der „Geist des Flehens" schließt, wie sich an den folgenden Versen erschließen lässt, gleichermaßen das Flehen um innere Errettung wie auch um äußere Rettung mit ein. Auf jeden Fall antwortet Jesus in dieser zweifachen Hinsicht: Er offenbart sich ihnen zuerst als der Gekreuzigte (Sacharja 12, 10) und schließlich kommt er nach Jerusalem zurück als der königliche Feldherr (Sacharja 14, 4). Das sind die beiden konkreten Antworten auf die beiden Dimensionen des Flehens um Gnade und Errettung.

„... sie werden auf mich sehen, den sie durchstochen haben ..."

Betrachten wir zunächst einmal das geistliche Geschehen (Sacharja 12, 10b):

„... und sie werden auf mich sehen, den sie durchstochen haben."

Der Wechsel der Grammatik an diesem markanten inhaltlichen Punkt ist bemerkenswert. Während Gott, wie in der biblischen Prophetie üblich, seine Botschaft durch den Propheten als Mittler weitergibt, der gewissermaßen im Namen Gottes die Botschaft weitergibt, wird an dieser Stelle für einen Moment der Prophet in seiner Mittlerfunktion ausgeschaltet und Gott spricht unvermittelt in der Ich-Form: *„Und sie werden auf mich sehen, den sie durchstochen haben ..."* Auf einmal gibt sich der Adressat auf gerade für jüdische Zuhörer äußerst überraschende Weise zu erkennen: Der Gekreuzigte spricht hier. Genauer: Der gekreuzigte Messias. Und indem er sich zu erkennen gibt als die letztendliche Antwort auf das flehentliche Gebet des Volkes Israel um Gottes gnädiges Eingreifen, geschieht eine Offenbarung und eine Veränderung von einzigartiger Größenordnung in der Geschichte des jüdischen Volkes.

In der Sprache des Paulus: *„Ganz Israel wird gerettet werden"* (Römer 11, 26).

Aus der Perspektive Jesu erfüllt sich ein zentraler Teil von dem, was er über die Einwohner Jerusalems vorhergesagt hat:

„Jerusalem, Jerusalem, die du die Propheten tötest und steinigst, die zu dir gesandt sind! Wie oft habe ich deine Kinder sammeln wollen, wie eine Henne ihre Küken unter die Flügel sammelt, aber ihr habt nicht gewollt! Siehe, euer Haus wird euch verwüstet gelassen werden; denn ich sage euch: Ihr werdet mich von jetzt an nicht mehr sehen, bis ihr sprechen werdet: „Gepriesen sei der, welcher kommt im Namen des Herrn!"

(Matthäus 23, 37-39)

Die sprichwörtliche Decke über dem Volk Israel bezüglich des Messias und bezüglich des Evangeliums wird diesem Volk von den Augen genommen werden (2. Korinther 3, 16). Oder, um es nochmals mit Paulus zu sagen: Sie werden wieder in den edlen Ölbaum eingepfropft, wie von Paulus vorhergesagt:

„Jene dagegen, wenn sie nicht im Unglauben verharren, werden wieder eingepfropft werden; denn Gott vermag sie wohl wieder einzupfropfen. Denn wenn du aus dem von Natur wilden Ölbaum herausgeschnitten und gegen die Natur in den edlen Ölbaum eingepfropft worden bist, wieviel eher können diese, die natürlichen [Zweige], wieder in ihren eigenen Ölbaum eingepfropft werden!"

(Römer 11, 23–24)

Nationale Buße, Erschütterung und Reinigung

Bemerkenswert ist die Reaktion des Volkes Israel auf diese Selbstoffenbarung des Gekreuzigten: Tiefste Erschütterung. Wie wenn der erste und einzige Sohn plötzlich gestorben wäre (siehe Ende von Sacharja 12). In der Sprache der Bibel ist das die denkbar heftigste menschenmögliche Trauer und Erschütterung, vergleichbar mit der Erschütterung Marias am Kreuz oder der Erschütterung der Ägypter beim plötzlichen Tod ihrer Erstgeborenen als letzte und entscheidende Plage, die zum Auszug der Kinder Israel aus Ägypten geführt hat. Für manche von uns mag diese heftige Erschütterung schwer verständlich sein. Andere haben es selbst bei ihrer Bekehrung recht ähnlich erlebt: Das Erschüttertsein über die Liebe des Gekreuzigten bei gleichzeitiger Erschütterung über die eigene Sünde, über die unendliche Gottesferne, über die Abgründe und Finsternis meiner Sünde, gegenüber der alle Abgründe überwindenden, unermesslichen Liebe und Barmherzigkeit Gottes im Messias, wie sie Paulus am Ende von Kapitel 11 des Römerbriefes schildert:

> *„Denn gleichwie auch ihr einst Gott nicht geglaubt habt, jetzt aber Barmherzigkeit erfahren habt um eures Unglaubens willen, so haben auch sie jetzt nicht geglaubt um der euch erwiesenen Barmherzigkeit willen, damit auch sie Barmherzigkeit erfahren sollen. Denn Gott hat alle miteinander in den Unglauben verschlossen, damit er sich über alle erbarme. O welche Tiefe des Reichtums sowohl der Weisheit als auch der Erkenntnis Gottes! Wie unergründlich sind seine Gerichte, und wie unausforschlich seine Wege! Denn wer hat den Sinn des Herrn erkannt, oder wer ist sein Ratgeber gewesen? Oder wer hat ihm etwas zuvor gegeben, dass es ihm wieder vergolten werde? Denn von ihm und durch ihn und für ihn sind alle Dinge; ihm sei die Ehre in Ewigkeit! Amen.“*   (Römer 11, 30–36)

In der Schrift gibt es zwei Begebenheiten, die – in einem deutlich kleineren Umfang – jüdische Menschen schon einmal zu ähnlichen Reaktionen der Überführung und Erschütterung veranlasst haben: Zum einen der Moment, an dem sich Joseph seinen Brüdern offenbart hat, zum zweiten die Reaktion der 3 000 an den Messias gläubig gewordenen Menschen bei der Pfingstpredigt des Petrus zu Jerusalem:

> *„Da konnte sich Joseph nicht länger bezwingen vor allen, die um ihn her standen, und er rief: Lasst jedermann von mir hinausgehen! Und es stand kein Mensch bei ihm, als Joseph sich seinen Brüdern zu erkennen gab. Und er weinte laut, so dass die Ägypter und das Haus des Pharao es hörten … Und er fiel seinem Bruder Benjamin*

um den Hals und weinte, und Benjamin weinte auch an seinem Hals. Und er küsste alle seine Brüder und umarmte sie unter Tränen. " (1. Mose 45, 1–2 + 14–15a)

„So soll nun das ganze Haus Israel mit Gewissheit erkennen, dass Gott Ihn sowohl zum Herrn als auch zum Christus gemacht hat, eben diesen Jesus, den ihr gekreuzigt habt! Als sie aber das hörten, drang es ihnen durchs Herz, und sie sprachen zu Petrus und den übrigen Aposteln: Was sollen wir tun, ihr Männer und Brüder? "

(Apostelgeschichte 2, 36–37)

Beide Male war die Offenbarung für sie zunächst ein Schock: Joseph, den sie als Willkürherrscher der Feindesmacht Ägypten kennengelernt haben – ihr Bruder? Jesus, der Unruhestifter, die große Enttäuschung, den sie erst wenige Wochen zuvor den Römern ans Kreuz geliefert haben – ihr Messias? Der, von dem die Propheten über Jahrhunderte zu ihnen gesprochen haben? IHN haben sie nicht erkannt, verworfen, dem schändlichsten Tod preisgegeben?

Und so, wie Joseph und seine Brüder geweint haben, Joseph aus Liebe und Freude, die Brüder aus Scham und Erschütterung, und so, wie es den Einwohnern Jerusalems einen Stich durchs Herz gab, als sie erkannten, wen sie ans Kreuz geliefert haben, so ergeht es nun den Familien und Stämmen Israels, als sie den erkennen, den sie gekreuzigt haben. Und angesichts dieser Erschütterung, dieser Trauer über ihre eigene Herzenshärte und Boshaftigkeit, dieser Überführung über ihr persönliches und ihr kollektives Versagen, dass sie die Herzensreinigung an sich erleben, die jeder von uns erlebt hat, wo er aufrichtig über seine Herzenshärte und seine Boshaftigkeit Buße getan hat: Reinigung durch das Blut des Passahlammes, das die Sünde der gesamten Menschheit auf sich genommen hat:

„An jenem Tag wird für das Haus David und für die Einwohner von Jerusalem ein Quell eröffnet sein gegen Sünde und Unreinheit. " (Sacharja 13, 1)

Im Verlauf des weiteren Kapitels 13 werden die inneren Prozesse im Volk Israel in Folge dieser Erweckung, Überführung und Reinigung weiter geschildert: Jede Person, jede Familie, jede gesellschaftliche Gruppe steht vor der Entscheidung, ob er oder sie der Offenbarung des Messias Raum macht oder sich dagegen wendet. Wie schon ansatzweise zur Zeit Jesu und zur Zeit der jüdischen Urgemeinde, werden diese existentiellen Scheidungsprozesse gleichzeitig durch alle Familien, Stämme und Volksgruppen Israels gehen.

KAPITEL 11

„Und seine Füße werden an jenem Tag auf dem Ölberg stehen ..."

Zu Beginn von Kapitel 14 wendet der Prophet sein Augenmerk wieder weg vom inneren Geschehen im Volk Israel und richtet sein Augenmerk einmal mehr auf das Gesamtbild und insbesondere auf den Kampf um Jerusalem. Das jüdische Jerusalem steht mit dem Rücken zur Wand. Militärisch gesehen scheint alles verloren. Halb Jerusalem ist erobert und erlebt einmal mehr das, was Jerusalem seit drei Jahrtausenden schon so oft erlebt hat: Wie nichtjüdische Völker die Stadt und ihre Einwohner angreifen, plündern, demütigen, brandschatzen, zerstören, entvölkern, überfremden, verachten, entrechten – und sich aggressiv gegen die Wahl und Berufung Gottes über diese Stadt – und damit über das Volk Israel als Ganzes – stellen.

Der Ölberg – im Zentrum des Geschehens

Doch diesmal geschieht etwas Ungewöhnliches. Diesmal erleidet Jerusalem entgegen aller Wahrscheinlichkeit und entgegen aller Erwartung nicht das gleiche Schicksal, das es in der Vergangenheit so oft erlebt hat – durch die Babylonier, durch die Perser, durch die Griechen, durch die Römer, durch die Byzantiner, durch die Moslems, durch die Kreuzritter, durch moslemische Regionalherrscher, durch die Ottomanen, durch die Engländer –, das Schicksal der Eroberung, durch nichtjüdische Völker und Mächte. Diesmal greift Jesus selbst ein: Als der König der Könige, als der Herr der Herren und als der Herr der himmlischen Heerschaaren:

> *„Und seine Füße werden an jenem Tag auf dem Ölberg stehen, der vor Jerusalem nach Osten zu liegt; und der Ölberg wird sich in der Mitte spalten nach Osten und nach Westen hin …"* (Sacharja 14, 4)

Jesus kommt zurück genau an den Ort, von dem aus er die Erde verlassen hat und von dem die Engel vorhergesagt haben, dass er wiederkommen wird:

> *„Und als er dies gesagt hatte, wurde er vor ihren Augen emporgehoben, und eine Wolke nahm ihn auf von ihren Augen weg. Und als sie unverwandt zum Himmel blickten, während er dahinfuhr, siehe, da standen zwei Männer in weißer Kleidung bei ihnen, die sprachen: Ihr Männer von Galiläa, was steht ihr hier und seht zum Himmel? Dieser Jesus, der von euch weg in den Himmel aufgenommen worden ist, wird in derselben Weise wiederkommen, wie ihr ihn habt in den Himmel auffahren sehen! Da kehrten sie nach Jerusalem zurück von dem Berg, welcher Ölberg heißt, der nahe bei Jerusalem liegt, einen Sabbatweg entfernt."* (Apostelgeschichte 1, 9–12)

Er kommt zurück, nicht als das Lamm Gottes, als das er sich bei seinem ersten Kommen manifestiert hat. Diesmal kommt er zurück als der Löwe aus dem Stamme Juda. Er kommt zurück als

- Der Retter und Erlöser aus Zion (Römer 11, 26)

- Der, der von Zion aus brüllt (Joel 4, 16–17) und die Völker richtet

- Der König und Sohn, den Gott eingesetzt hat auf Zion (Psalm 2, 6 + 7)

- Als der Weltenrichter, der die Völker scheiden wird (Matthäus 25, 31ff)

Warum? Weil es die Propheten so vorhergesagt haben – und weil Jesus dies im Einklang mit den Propheten so bestätigt hat. In Matthäus 23, 39 sagt Jesus die geistliche Transformation der Einwohner Jerusalems voraus. Darüber sprachen wir im letzten Kapitel. In Lukas 21, 24 spricht Jesus, wenn man so will, auf politischer Ebene das Pendant dazu aus: Jerusalem wird wieder jüdisch werden, wenn das Zeitalter der Heidenherrschaft über Jerusalem zum Abschluss gekommen sein wird:

„Und sie werden fallen durch die Schärfe des Schwerts und gefangen weggeführt werden unter alle Heiden. Und Jerusalem wird zertreten werden von den Heiden, bis die Zeiten der Heiden erfüllt sind."

(Lukas 21, 24)

Wenn diese Zeitenwende einmal angebrochen ist, dann gibt es nichts und niemanden, der die Uhr wieder zurückstellen kann, der die einmal eingesetzten Wehen wieder zum Stillstand bringen kann, der die (schrittweise) Aufrichtung jüdischer Präsenz im verheißenen Land und in der „Stadt des großen Königs" (Matthaus 5,35) wieder umkehren kann. Oder wie es Gott durch den Propheten Sacharja formulieren ließ: Der Völkerzusammenschluss, der dies versucht, wird sich daran „wund reißen" (Sacharja 12, 3).

Sacharja 14 und Jesu Wiederkunft

Ein letzter Gedanke dazu: Die Ortsbeschreibung und die geologischen und sonstigen Ereignisse, die mit der Wiederkunft Jesu einhergehen, sind sehr präzise und sehr „irdisch". Der Ölberg liegt östlich der Altstadt Jerusalems (des historischen Jerusalems – bis Mitte des 19. Jahrhunderts bestand Jerusalem nur aus der Altstadt). Von dort ist Jesus aufgefahren. Dorthin wird Jesus zurückkehren.

Und wenn er zurückkommt, werden dadurch sehr handfeste, physische Ereignisse ausgelöst werden: Die Erdbeben sind sehr physisch und konkret. Die feindlichen Soldaten und Heere sind sehr physisch und konkret. Alles, was danach geschehen wird an Gericht und an Aufrichtung der Herrschaft Jesu, wird sehr physisch und konkret sein.

Das alles sind wichtige Hinweise darauf, dass wir uns diese künftigen Ereignisse sehr konkret und sehr real vorzustellen haben. Und zwar sowohl der Teil, der unmittelbar vor dem sichtbaren Eingreifen Jesu geschieht, als auch in gleicher Weise der Teil, der mit und nach seinem Eingreifen zu erwarten ist.

Wie konkret diese Passage aus dem Propheten Sacharja hinter dieser Aussage Jesu steht, lässt sich gut erkennen, wenn man Sacharja 14, 5b und Matthäus 25, 31 miteinander vergleicht:

- *„Wenn aber der Menschen Sohn in seiner Herrlichkeit kommen wird und alle heiligen Engel mit ihm, ... "* (Matthäus 25, 31)

- *„Dann wird der Herr, mein Gott, kommen und alle Heiligen mit Dir!"* (Sacharja 14, 5b)

Es ist davon auszugehen, dass Jesus in seiner Rede vom Völkergericht unmittelbar von Sacharja 14 beeinflusst ist bzw. Passagen daraus zitiert. Insofern ist dieses Gleichnis Jesu eher als Prophetie denn als Gleichnis zu werten.

Lesen wir auf diesem Hintergrund Sacharja 14, 4–11 im Zusammenhang, ehe wir uns im nächsten Kapitel den entscheidenden Fragen nach dem Gerichtsgeschehen über die Völker zuwenden.

„Und seine Füße werden an jenem Tag auf dem Ölberg stehen, der vor Jerusalem nach Osten zu liegt; und der Ölberg wird sich in der Mitte spalten nach Osten und nach Westen hin zu einem sehr großen Tal, und die eine Hälfte des Berges wird nach Norden zu-

rückweichen, die andere nach Süden. Da werdet ihr in das Tal meiner Berge fliehen; denn das Tal zwischen den Bergen wird bis nach Azel reichen; und ihr werdet fliehen, wie ihr geflohen seid vor dem Erdbeben in den Tagen Ussijas, des Königs von Juda. Dann wird der Herr, mein Gott, kommen, und alle Heiligen mit dir! Und es wird geschehen an jenem Tag, da wird es kein Licht geben; die glänzenden [Gestirne] werden sich verfinstern. Und es wird ein einziger Tag sein – er ist dem Herrn bekannt –, weder Tag noch Nacht; und es wird geschehen: zur Abendzeit wird es licht werden. Und es wird geschehen an jenem Tag, da werden lebendige Wasser von Jerusalem ausfließen, die eine Hälfte in das östliche, die andere in das westliche Meer; Sommer und Winter wird es so bleiben. Und der Herr wird König sein über die ganze Erde. An jenem Tag wird der Herr der einzige sein und sein Name der einzige. Das ganze Land von Geba bis Rimmon, südlich von Jerusalem, wird sich verwandeln wie die Arava, und [Jerusalem] wird erhöht sein und an seiner Stätte bewohnt werden, vom Tor Benjamin bis an die Stelle des ersten Tors, bis an das Ecktor, und vom Turm Hananeel bis zu den Keltern des Königs. Und sie werden darin wohnen; und es wird keinen Bannfluch mehr geben, und Jerusalem wird sicher wohnen. "

(Sacharja 14, 4–11)

KAPITEL 12

Das Endgericht über die Völker

Wir haben inzwischen eine Reihe von Hinweisen darauf bekommen, dass sowohl das Alte als auch das Neue Testament im Gleichklang über ein endzeitliches Völkergericht sprechen. Der Hauptmaßstab für dieses Gericht ist das Verhalten der Völker dem jüdischen Volk und Israel gegenüber. Der biblische Ausgangspunkt und die Grundlage dafür ist die Berufung Israels in den Erzvätern Abraham, Isaak und Jakob zum Segen für die Völker sowie die Bedingungen für diesen Segen, der den Völkern gegeben ist: Das Volk, das Dich (Israel) segnet, wird von mir gesegnet, das Volk, das Dich (Israel) verachtet, kommt unter mein Gericht. Die maßgeblichen biblischen Hinweise seien hier nochmals kurz und zusammenfassend wiedergegeben:

„Wenn aber der Sohn des Menschen in seiner Herrlichkeit kommen wird und alle heiligen Engel mit ihm, dann wird er auf dem Thron seiner Herrlichkeit sitzen, und vor ihm werden alle Heidenvölker versammelt werden. Und er wird sie voneinander scheiden, wie ein Hirte die Schafe von den Böcken scheidet, und er wird die Schafe zu seiner Rechten stellen, die Böcke aber zu seiner Linken. "

(Matthäus 25, 31–33)

„Ich will segnen, die dich segnen, und verfluchen, die dich verfluchen; und in dir sollen gesegnet werden alle Geschlechter auf der Erde!" (1. Mose 12, 3)

„Denn siehe, in jenen Tagen und zu jener Zeit, wenn ich das Geschick Judas und Jerusalems wende, da werde ich alle Heidenvölker versammeln und sie ins Tal Josaphat hinabführen; und ich werde dort mit ihnen ins Gericht gehen wegen meines Volkes und meines Erbteils Israel, weil sie es unter die Heidenvölker zerstreut und mein Land verteilt haben ... Scharen um Scharen [treffen ein] im Tal der Entscheidung; denn nahe ist der Tag des Herrn im Tal der Entscheidung. Sonne und Mond kleiden sich in Trauer, und die Sterne verlieren ihren Schein, und der Herr wird aus Zion brüllen und von Jerusalem her seine Stimme hören lassen, dass Himmel und Erde zittern; aber der Herr ist eine Zuflucht für sein Volk und eine feste Burg für die Kinder Israels." (Joel 4, 1–2 + 14–16)

„Siehe, ich mache Jerusalem zum Taumelkelch für alle Völker ringsum, und auch über Juda wird es kommen bei der Belagerung Jerusalems. Und es soll geschehen an jenem Tag, dass ich Jerusalem zum Laststein für alle Völker machen werde; alle, die ihn heben wollen, werden sich gewisslich daran wund reißen; und alle Heidenvölker der Erde werden sich gegen es versammeln ... Und es wird geschehen an jenem Tag, dass ich danach trachten werde, alle Heidenvölker zu vertilgen, die gegen Jerusalem anrücken." (Sacharja 12, 2–3, 9)

„Aber der Herr wird ausziehen und gegen jene Heidenvölker kämpfen, wie [damals] am Tag seines Kampfes, am Tag der Schlacht. Und seine Füße werden an jenem Tag auf dem Ölberg stehen, der vor Jerusalem nach Osten zu liegt; und der Ölberg wird sich in der Mitte spalten nach Osten und nach Westen hin zu einem sehr großen Tal, und die eine Hälfte des Berges wird nach Norden zurückweichen, die andere nach Süden ... Das aber wird die Plage sein, mit welcher der Herr alle Völker schlagen wird, die gegen Jerusalem Krieg geführt

haben: ihr Fleisch wird verfaulen, während sie noch auf ihren Füßen stehen; ihre Augen werden verfaulen in ihren Höhlen, und ihre Zunge wird verfaulen in ihrem Mund. " (Sacharja 14, 3–4; 12)

Segen und Gericht mit dem zweiten Kommen Jesu

Wenn Jesus wiederkommt, wird er seine priesterliche und königliche Herrschaft in Jerusalem aufrichten und von dort die ganze Welt regieren. Das wird die Erfüllung aller Verheißungen sein, die dem Volk Israel und den Nationen in Bezug auf dieses messianische Zeitalter gegeben wurden: *„Und der Herr wird über die ganze Erde König sein. "* (Sacharja 14, 9).

In dieser Übergangs- und Anfangszeit des messianischen Zeitalters wird es – inmitten von gewaltigen Naturereignissen – zwei entgegenlaufende Entwicklungen geben: Die Völker, die sich dem antichristlichen Aufmarsch gegen Israel entzogen haben, ja sogar unter schwierigen Umständen den bedrohten jüdischen Menschen (den geringen Brüdern Jesu) geholfen haben, werden unmittelbar Befreiung, ein Ende der Bedrohung und der Kämpfe und Schutz und Zuwendung durch den Messias erleben:

„Dann wird der König denen zu seiner Rechten sagen: Kommt her, ihr Gesegneten meines Vaters, und erbt das Reich, das euch bereitet ist seit Grundlegung der Welt! Denn ich bin hungrig gewesen, und ihr habt mich gespeist; ich bin durstig gewesen, und ihr habt mir zu trinken gegeben; ich bin ein Fremdling gewesen, und ihr habt mich beherbergt; ich bin ohne Kleidung gewesen, und ihr habt mich bekleidet; ich bin krank gewesen, und ihr habt mich besucht; ich bin gefangen gewesen, und ihr seid zu mir gekommen. Dann werden ihm die Gerechten antworten und sagen: Herr, wann haben wir dich hungrig gesehen und haben dich gespeist, oder durstig, und haben dir zu trinken gegeben? Wann haben wir dich als Fremdling gesehen und haben dich beherbergt, oder ohne Kleidung, und haben dich

*bekleidet? Wann haben wir dich krank gesehen, oder im Gefängnis,
und sind zu dir gekommen? Und der König wird ihnen antworten
und sagen: Wahrlich, ich sage euch: Was ihr einem dieser meiner
geringsten Brüder getan habt, das habt ihr mir getan!"*

(Matthäus 25, 34–40)

*„... und der Herr wird aus Zion brüllen und von Jerusalem her seine
Stimme hören lassen, dass Himmel und Erde zittern; aber der Herr ist
eine Zuflucht für sein Volk und eine feste Burg für die Kinder Israels.
Und ihr werdet erkennen, dass ich, der Herr, euer Gott bin, der ich in
Zion wohne, auf meinem heiligen Berg."* (Joel 4, 16–17a)

*„Das ganze Land von Geba bis Rimmon, südlich von Jerusalem,
wird sich verwandeln wie die Arava, und [Jerusalem] wird erhöht
sein und an seiner Stätte bewohnt werden, vom Tor Benjamin bis an
die Stelle des ersten Tors, bis an das Ecktor, und vom Turm Hananeel
bis zu den Keltern des Königs. Und sie werden darin wohnen; und
es wird keinen Bannfluch mehr geben, und Jerusalem wird sicher
wohnen."* (Sacharja 14, 10–11)

Die anderen Völker werden jedoch auf dramatische Weise vom
wiederkommenden Messias gerichtet werden:

*„Dann wird er auch denen zur Linken sagen: Geht hinweg von mir,
ihr Verfluchten, in das ewige Feuer, das dem Teufel und seinen En-
geln bereitet ist! Denn ich bin hungrig gewesen, und ihr habt mich
nicht gespeist; ich bin durstig gewesen, und ihr habt mir nicht zu
trinken gegeben; ich bin ein Fremdling gewesen, und ihr habt mich
nicht beherbergt; ohne Kleidung, und ihr habt mich nicht bekleidet;
krank und gefangen, und ihr habt mich nicht besucht! Dann werden
auch sie ihm antworten und sagen: Herr, wann haben wir dich hungrig oder durstig oder als Fremdling oder ohne Kleidung oder krank
oder gefangen gesehen und haben dir nicht gedient? Dann wird er
ihnen antworten: Wahrlich, ich sage euch: Was ihr einem dieser Ge-*

ringsten nicht getan habt, das habt ihr mir auch nicht getan! Und sie werden in die ewige Strafe hingehen, die Gerechten aber in das ewige Leben. " (Matthäus 25, 41–46)

„Das aber wird die Plage sein, mit welcher der Herr alle Völker schlagen wird, die gegen Jerusalem Krieg geführt haben: ihr Fleisch wird verfaulen, während sie noch auf ihren Füßen stehen; ihre Augen werden verfaulen in ihren Höhlen, und ihre Zunge wird verfaulen in ihrem Mund. Und es wird geschehen an jenem Tag, da wird eine große Verwirrung vom Herrn über sie kommen, so dass einer die Hand des anderen ergreifen und jeder gegen seinen Nächsten die Hand erheben wird. " (Sacharja 14, 12–13)

Und auch in Joel wird in der Passage vom „Tal der Entscheidung" in der klassischen, prophetischen Sprache des Gerichts gesprochen[1]:

„Dort will ich zu Gericht sitzen über alle Heidenvölker ringsum. Legt die Sichel an, denn die Ernte ist reif; kommt und tretet, denn die Kelter ist voll; die Kufen fließen über, denn ihre Bosheit ist groß! Scharen um Scharen [treffen ein] im Tal der Entscheidung; denn nahe ist der Tag des Herrn im Tal der Entscheidung. "

(Joel 4, 12b–14)

Wir können also zusammenfassen, dass der „Tag des Herrn" in alttestamentlicher Sprache beziehungsweise der Tag der Wiederkunft des Herrn (in neutestamentlicher Sprache) ein Zeitpunkt sein wird, an dem die Völker, die sich dem jüdischen Volk und Israel gegenüber schuldig gemacht haben, vom wiederkommenden Messias, Jesus, gerichtet werden. Umgekehrt werden die Völker,

---

1) An dieser Stelle ist von den „umliegenden Nationen" die Rede. In Joel 4, 2 ist jedoch von „allen Nationen" die Rede. Ähnlich Sacharja 12, 2–3 und 9. Es mag zwei verschiedene Phasen und Betonungen geben – aber die Grundaussage von einem Völkergericht von globaler Dimension ist sowohl in Sacharja als auch in Joel und Matthäus auf jeden Fall Teil des Gesamtbildes.

die sich an diesem Aufmarsch gegen Israel nicht beteiligt haben, ja in schweren Zeiten für das jüdische Volk diesem sogar helfend zur Seite standen, von diesem Gericht nicht betroffen sein.

So weit das biblische Szenario in unserer Übersicht. Ein herausforderndes Szenario – eines, das vielen von uns zumindest in dieser Dimension und Größenordnung nicht bewusst war. Für diejenigen unter uns, die zum ersten Mal mit diesem Aspekt biblischer Prophetie in Berührung kommen, ist es oft eine Herausforderung, sich dem zu stellen und dies in das eigene Gottesbild und biblische Weltbild und die damit verbundenen Erwartungen an das Ende dieses Zeitalters zu integrieren.

Drei entscheidende Fragen

In vielen Gesprächen in Folge dieser Kernbotschaft tauchen immer wieder drei Fragen auf. Auf diese drei Fragen möchte ich noch gezielt eingehen, ehe wir uns den Konsequenzen zuwenden, die sich aus dieser Botschaft ergeben:

1. Frage: Wie muss man sich das Gericht über die Nationen konkret vorstellen?

2. Frage: Was passiert mit dem einzelnen Gläubigen und mit der Gemeinde Jesu einer bestimmten Nation, sollte diese unter das angekündigte Gericht kommen?

3. Frage: Wie passt es zusammen, dass mal von „allen Nationen" die Rede ist, die unter Gottes endzeitliches Gericht kommen, und gleichzeitig von „Schafen" und „Böcken", also von einer Scheidung der Nationen?

KAPITEL 13

Was sagt die Bibel
zum Gericht über Nationen?

W ie sollen und können wir uns Gottes Gericht über Völker und Nationen vorstellen? Was sagt uns die Schrift dazu und was davon ist von gegenwärtiger und zukünftiger Relevanz? Wenn in Matthäus 25, 31ff davon die Rede ist, dass Völker zu den „Böcken" gezählt und ihnen – in neutestamentlicher Sprache – Gericht in seiner schlimmsten Form angekündigt wird, was kann damit gemeint sein? Versuchen wir uns schrittweise dieser Frage zu nähern.

Die Gleichbehandlung der Völker und Israels im Gericht

Wir haben einleitend festgestellt, dass es im Alten Testament vereinfacht gesagt zwei große Themen gibt: Zum einen Gottes Umgang mit Israel angesichts seines Gehorsams oder Ungehorsams der Torah gegenüber. Zum zweiten Gottes Umgang mit den Nationen angesichts ihrer Haltung Israel gegenüber.

Einen ersten Zugang zum Verständnis von Gottes Umgang mit Segen oder Fluch, mit Gottes Wohlwollen oder Gericht auf der Ebene von Völkern und Nationen, finden wir in Gottes Umgang mit Israel selbst. Und in Bezug auf Israel finden wir in keinem Kapitel der Bibel so reichlich Aufschluss, was Fluch oder Segen konkret bedeuten, wie im 5. Buch Mose, Kapitel 28. 14 Verse des Segens. Aber 50 Verse des Gerichts.

Wir sagten schon: Wenn man diese gut 50 Verse des Gerichts näher betrachtet, dann kann man feststellen, dass die Maßnahmen des Gerichts eine gewisse Steigerung enthalten: Das schlimmste Gericht, die weltweite Zerstreuung des jüdischen Volkes, stellt gewissermaßen den Höhepunkt oder vielleicht besser: den Tiefpunkt von Gottes Gerichtshandeln an Israel dar. Und wir haben gelesen, dass Jesus selbst diese letzte und heftigste Maßnahme von seinem zeitlichen Standpunkt aus gesehen als künftiges Ereignis vorhergesagt hat (Lukas 21, 24).

Da Israel – im Guten wie im Schlechten – im Segen wie im Fluch den Völkern zum Vorbild gesetzt ist, kann man als einen ersten Schritt, um sich dieser heiklen Frage zu nähern, davon ausgehen, dass im Grundsatz Gott gegenüber den Völkern insgesamt ähnlich handelt wie Israel gegenüber. Der Gerichtsmaßstab ist ein anderer.

Aber das Handeln Gottes im Segen und im Fluch ist gegenüber Israel und gegenüber den Völkern grundsätzlich ähnlich: Er liebt Israel. Er liebt die Völker. Er ist langsam zum Zorn, sein Zorn und sein Gerichtshandeln steigern sich allmählich. Aber wenn Israel und wenn die Völker auf die zunehmende Zucht des Herrn dauerhaft nicht eingehen und nicht zur Umkehr finden, dann steigert sich das Gericht Zug um Zug in die höchste Dimension hinein.

Die weltweite Diaspora über fast zwei Jahrtausende war das letztendliche Gericht gemäß 5. Mose 28. Der Holocaust am Ende dieser zweitausend Jahre enthielt ebenfalls eine Dimension des Gerichts – die letzte Eskalationsstufe am Ende dieser unendlich langen Zeit der Diaspora. Wenn Gott schon sein zuerst und zutiefst geliebtes Volk nicht schont, dann dürfen die anderen Völker und Nationen nicht damit rechnen, dass Gott unsere Übertretungen gemäß dem Maßstab, der für uns gilt – unsere Haltung gegenüber dem jüdischen Volk und Israel – einfach übersieht. Und wie schon so oft betont, sei es nochmals gesagt: An diesem Maßstab und an den daraus folgenden Konsequenzen zum Segen oder zum Gericht hat sich bis heute nichts geändert.

Der Unterschied zwischen der Völkerwelt und Israel im Gericht

Allerdings gibt es im Umgang Gottes, soweit es das Gericht betrifft, einen entscheidenden Unterschied zwischen Israel und den Völkern. Und dieser Unterschied betrifft die letztendliche Eskalationsstufe von Gottes Gericht: Dem Volk Israel ist auf Grund des Abrahambundes selbst bei äußerstem Ungehorsam zugesagt, dass es nicht zu einer endgültigen Vernichtung kommen wird, sondern dass Gott seine Kernberufung und seine Kernverheißungen dem jüdischen Volk gegenüber zum Ziel bringen wird. Neutestamentlich finden wir das sowohl in den Evangelien (Matthäus 23, 39; Lukas 21, 24 u. a.) als auch durch Paulus bestätigt. Lesen wir noch einmal die wichtigsten Passagen im Römerbrief dazu:

„Jene dagegen, wenn sie nicht im Unglauben verharren, werden wieder eingepfropft werden; denn Gott vermag sie wohl wieder einzupfropfen. Denn wenn du aus dem von Natur wilden Ölbaum herausgeschnitten und gegen die Natur in den edlen Ölbaum eingepfropft worden bist, wieviel eher können diese, die natürlichen [Zweige], wieder in ihren eigenen Ölbaum eingepfropft werden! Denn ich will nicht, meine Brüder, dass euch dieses Geheimnis unbekannt bleibt, damit ihr euch nicht selbst für klug haltet: Israel ist zum Teil Verstockung widerfahren, bis die Vollzahl der Heiden ein-

gegangen ist; und so wird ganz Israel gerettet werden, wie geschrieben steht: „Aus Zion wird der Erlöser kommen und die Gottlosigkeiten von Jakob abwenden, und das ist mein Bund mit ihnen, wenn ich ihre Sünden wegnehmen werde'. Hinsichtlich des Evangeliums sind sie zwar Feinde um euretwillen, hinsichtlich der Auserwählung aber Geliebte um der Väter willen.“ (Römer 11, 23–28)

„Ich sage aber, dass Jesus Christus ein Diener der Beschneidung geworden ist um der Wahrhaftigkeit Gottes willen, um die Verheißungen an die Väter zu bestätigen …“ (Römer 15, 8)

Gott wird mit Israel zum Ziel kommen. Die Grundlage dafür ist der Bund mit den Erzvätern. Der Weg dahin führt über den Messias, Jesus. Beides vor dem Hintergrund der Barmherzigkeit Gottes:

„Denn gleichwie auch ihr einst Gott nicht geglaubt habt, jetzt aber Barmherzigkeit erfahren habt um ihres Unglaubens willen, so haben auch sie jetzt nicht geglaubt um der euch erwiesenen Barmherzigkeit willen, damit auch sie Barmherzigkeit erfahren sollen. Denn Gott hat alle miteinander in den Unglauben verschlossen, damit er sich über alle erbarme.“ (Römer 11, 30–32)

Und jetzt kommt das Entscheidende, der entscheidende letztendliche Unterschied: *Diese* Verheißungen gelten nur für Israel. Nicht für die anderen Völker. Und aus dem Alten Testament wissen wir, dass als letzte Konsequenz von Gottes Gericht gegenüber einem Volk, das sich von seiner feindseligen Haltung gegenüber Israel und dem jüdischen Volk nicht abbringen lässt, die Auslöschung eines Volkes droht.

Vor diesem Hintergrund müssen wir der Möglichkeit ins Auge sehen, dass es heute Völker gibt, die es im messianischen Zeitalter nicht mehr geben wird.

KAPITEL 14

Wir Christen und das Gericht über die Nationen

Die nächste Frage, die sich aufdrängt, ist die Frage danach, ob und wenn ja, wie Gottes mögliches Gerichtshandeln auf der kollektiven Ebene, auf der Ebene von Völkern und Nationen, Einfluss auf unser Schicksal als gläubige Christen hat. Eine sehr wichtige und sehr berechtigte Frage.

Die kurze Antwort auf diese Frage lautet: „Nein!" Unser persönliches Heil hängt nicht an der Frage, ob unser Volk, unsere Nationen, zu den „Bock"-Nationen gezählt werden wird oder nicht. Selbst wenn, dann entscheidet sich unser persönliches, ewiges Schicksal nicht daran, sondern allein an unserer Beziehung zu Jesus und unserer Haltung ihm gegenüber.

Nachdem dies auf der individuellen Ebene einmal in aller Deutlichkeit festgestellt worden ist, gibt es gleichwohl noch mindestens zwei wichtige Aspekte dabei zu bedenken: Zum einen die Frage nach der Grundhaltung, die wir als Christen gegenüber dem jüdischen Volk und gegenüber Israel an den Tag legen sollen. Zum zweiten die Verantwortung, die wir Christen gegenüber unserem eigenen Volk und dessen Beziehung zu Israel haben.

Unsere Haltung als Christen gegenüber dem jüdischen Volk und Israel

Über die Frage der Beziehung zwischen uns Christen und den Juden bzw. Israel sind in den letzten Jahrzehnten Bibliotheken voller Bücher geschrieben worden. In meinen beiden schon erwähnten Büchern bin ich von meiner Seite aus näher darauf eingegangen. Hier ist nicht der Platz dafür, ausführlicher darauf einzugehen. Nur auf einen – allerdings sehr entscheidenden – Aspekt möchte ich hinweisen: Der Maßstab, der in 1. Mose 12, 3 den Nationen vor Augen gestellt wird, gilt ausdrücklich auch für die Gemeinde Jesu, für die Christenheit.

In 1. Mose 12, 3 heißt es:

„Ich will segnen, die dich segnen, und verfluchen, die dich verfluchen; und in dir sollen gesegnet werden alle Geschlechter auf der Erde!"

In ganz ähnlicher Weise heißt es im Römerbrief, Kapitel 11, 17–22:

„Wenn aber etliche der Zweige ausgebrochen wurden und du als ein wilder Ölzweig unter sie eingepfropft bist und mit Anteil bekommen hast an der Wurzel und der Fettigkeit des Ölbaums, so überhebe dich nicht gegen die Zweige! Überhebst du dich aber, [so bedenke]: Nicht du trägst die Wurzel, sondern die Wurzel trägt dich! Nun sagst du aber: „Die Zweige sind ausgebrochen worden, damit ich eingepfropft werde". Ganz recht! Um ihres Unglaubens willen sind sie ausgebrochen worden; du aber stehst durch den Glauben. Sei nicht hochmütig, sondern fürchte dich! Denn wenn Gott die natürlichen Zweige nicht verschont hat, könnte es sonst geschehen, dass er auch dich nicht verschont. So sieh nun die Güte und die Strenge Gottes; die Strenge gegen die, welche gefallen sind; die Güte aber gegen dich, sofern du bei der Güte bleibst; sonst wirst auch du abgehauen werden!"

Auch wenn der größere Teil des jüdischen Volkes zur Zeit Jesu und bis heute weder an das Evangelium noch an den Messias Glauben gefunden hat, soll ihnen unsere bleibende Wertschätzung, unsere bleibende Dankbarkeit, unser bleibender Respekt gelten. Wir Christen aus der Völkerwelt sollen bedenken, dass nicht wir die Wurzel tragen, sondern die heilsgeschichtlich einzigartige, kollektive Wurzel „Israel" – über den jüdischen Messias Jesus – uns trägt!

Wir als Christen aus den nichtjüdischen Völkern sind aufgefordert, das jüdische Volk als Ganzes – die bleibend eingepfropften Zweige (die man heute messianische Juden nennt) UND die ausgebrochenen Zweige als „ganz Israel" (s. Vers 26) – zu ehren. Erstens, weil sie die heilsgeschichtliche Wurzel darstellen. Zweitens, weil Gottes Verheißungen für sie und der Bund mit Abraham immer noch Gültigkeit besitzen. Wenn wir das versäumen, dann kommen wir als Kirche, als Christenheit – wie auch die Völkerwelt, die sich über das jüdische Volk und Israel erhebt –, unter das Gericht Gottes.

Unsere Aufgabe an unserem eigenen Volk in Bezug auf Israel

Auf dieser Grundlage, auf der Grundlage unserer biblisch-positiven Haltung gegenüber dem jüdischen Volk, die in der Liebe und Barmherzigkeit Gottes gegenüber seinem Volk verwurzelt und gegründet ist, sind wir nicht nur aufgerufen, ein Segen für das jüdische Volk zu sein, sondern auch eine prophetische Stimme in unser eigenes Volk hinein, soweit es das jüdische Volk und Israel betrifft. Eine prophetische Stimme mit biblischem Mandat. Und dieses Mandat gilt insbesondere für unsere Zeit und Generation – für die Zeit, in der sich das Schicksal des jüdischen Volkes wendet, in der das Volk und das Land gemäß Gottes Vorhersagen wiederhergestellt und auf die Offenbarung des Messias vorbereitet wird. Davon lesen wir im Propheten Jeremia, Kapitel 31.

Zunächst ist von der äußeren Rückführung und Wiederherstellung Israels die Rede:

„Siehe, ich bringe sie herbei aus dem Land des Nordens und sammle sie von den Enden der Erde; unter ihnen sind Blinde und Lahme, Schwangere und Gebärende miteinander; eine große Gemeinde kehrt hierher zurück! Weinend kommen sie, und unter Flehen führe ich sie; ich will sie zu Wasserbächen führen auf einem ebenen Weg, auf dem sie nicht straucheln werden; denn ich bin Israel zum Vater geworden, und Ephraim ist mein Erstgeborener." (Jeremia 31, 8–9)

In der zweiten Hälfte dieses Kapitels ist von der nationalen Erweckung und Errettung Israels die Rede – dem Zeitpunkt, zu dem der Neue Bund den Sinai-Bund umfassend ersetzen wird:

„Siehe, es kommen Tage, spricht der Herr, da ich mit dem Haus Israel und mit dem Haus Juda einen neuen Bund schließen werde; nicht wie der Bund, den ich mit ihren Vätern schloss an dem Tag, da ich sie bei der Hand ergriff, um sie aus dem Land Ägypten herauszuführen; denn sie haben meinen Bund gebrochen, obwohl ich doch ihr Eheherr war, spricht der Herr. Sondern das ist der Bund, den ich mit dem Haus Israel nach jenen Tagen schließen werde, spricht der Herr: Ich will mein Gesetz in ihr Innerstes hineinlegen und es auf ihre Herzen schreiben, und ich will ihr Gott sein, und sie sollen mein Volk sein …" (Jeremia 31, 31–33)

Und darin eingebettet, inmitten dieser zwei Etappen von Gottes gnädigem Handeln an Israel, kommt eine sehr präzise Aufforderung in Richtung der Völkerwelt:

„Hört das Wort des Herrn, ihr Heidenvölker, und verkündigt es auf den fernen Inseln und sprecht: Der Israel zerstreut hat, der wird es

auch sammeln und wird es hüten wie ein Hirte seine Herde."

(Jeremia 31, 10)

Genau genommen stellt dieser Vers eine zweifache Aufforderung dar: Erstens zu hören, zweitens zu sprechen. Und was ist die Botschaft: Der Gott, der als Gericht für die langanhaltende und weltumspannende Diaspora, für die Zerstreuung der Juden „unter alle Völker" (5. Mose 28, 64, Lukas 21, 24), verantwortlich war, ist der gleiche Gott, der jetzt hinter der Sammlung seines Volkes aus allen Ländern steht und seine schützende Hand darüber halten wird.

Welche Gruppe aus der Völkerwelt kann nur dazu in der Lage sein, diese Botschaft in die Völkerwelt hineinzutragen? Nur diejenigen aus der Völkerwelt, die dieser Botschaft glauben, sie verinnerlicht haben, und bereit sind, diese Botschaft – gegen den Strom schwimmend – weiterzugeben. Und welche Gruppe aus der Völkerwelt soll der Adressat dieser Botschaft sein? Die Nichtchristen. Insbesondere diejenigen, die für ihr Volk in Verantwortung stehen: die Regierenden, die Parlamente, die Meinungsmacher und Multiplikatoren. Ihnen ist diese Botschaft zugedacht, dass wir in einer Zeitenwende leben und Gott selbst hinter dieser gnädigen Wende zu Gunsten des jüdischen Volkes und Israels steht. Und vor diesem Hintergrund erinnern wir unsere Machthaber an 1. Mose 12, 3: „Wer Israel segnet, ist gesegnet, wer Israel verachtet und demütigt, kommt unter Gottes Gericht."

Eine Frage der Glaubwürdigkeit und der Vollmacht

Wir haben vor dem Hintergrund von Römer 11, 17ff schon den Auftrag Gottes an die Christenheit betrachtet, den heilsgeschichtlichen Wurzeln unseres christlichen Glaubens gegenüber, dem Volk Israel gegenüber, grundsätzlich Dankbarkeit, Wertschätzung und Respekt zu erweisen. Sonst können auch wir wieder vom edlen Ölbaum abgehauen werden.

Aus Jeremia 31, 10 wissen wir jetzt, dass unserer Aufgabe der Solidarität gegenüber Israel gegenüber unseren Regierungen und Machthabern in unseren jeweiligen Völkern eine ganz besondere, endzeitliche Bedeutung zukommt – der Zeit, in der Gott das Schicksal seines Volkes gnädig wendet.

Im Neuen Testament lesen wir darüber hinaus, dass wir – in Anlehnung an die Berufung Israels – auch aufgerufen sind, ein prophetisches Volk zu sein – in die Völkerwelt hinein, die den Gott Israels und seinen und unseren Messias Jesus nicht kennt:

„Ihr aber seid ein auserwähltes Geschlecht, ein königliches Priestertum, ein heiliges Volk, ein Volk des Eigentums, damit ihr die Tugenden dessen verkündet, der euch aus der Finsternis berufen hat zu seinem wunderbaren Licht …" (1. Petrus 2, 9)

Als Christen, die wir durch Gottes Willen in die jetzige Zeit und Generation hineingeboren sind, gilt uns dieser Auftrag heute in einzigartiger Weise. Wir sind gerufen, zuerst Buße zu tun über das Versagen der Christenheit in der Vergangenheit und als Gemeinde Jesu grundsätzlich und umfassend einen neuen Weg einzuschlagen: einen Weg der Wertschätzung, Liebe und Barmherzigkeit in Richtung des jüdischen Volkes und einen Weg der Wachsamkeit und Mahnung zu dieser Haltung des Respekts gegenüber dem jüdischen Volk in unsere Regierungen, in unsere Parlamente und in die sogenannte öffentliche Meinung hinein.

Dies ist grundsätzlich, aber besonders in der Zeit, in der wir leben, ein zentraler Bestandteil dessen, wozu uns Jesus aufgerufen hat, „Salz und Licht" und eine „Stadt auf dem Berge" zu sein. Im Geist der Bergpredigt. Mit der inneren Bereitschaft, dafür auch Ablehnung und Verfolgung zu erleben. Hand in Hand mit unserem Zeugnis für Jesus und für das Evangelium vom Reich Gottes.

„Glückselig sind, die um der Gerechtigkeit willen verfolgt werden, denn ihrer ist das Reich der Himmel! Glückselig seid ihr, wenn sie euch schmähen und verfolgen und lügnerisch jegliches böse Wort gegen euch reden um meinetwillen! Freut euch und jubelt, denn euer Lohn ist groß im Himmel; denn ebenso haben sie die Propheten verfolgt, die vor euch gewesen sind. Ihr seid das Salz der Erde. Wenn aber das Salz fade wird, womit soll es wieder salzig gemacht werden? Es taugt zu nichts mehr, als dass es hinausgeworfen und von den Leuten zertreten wird. Ihr seid das Licht der Welt. Es kann eine Stadt, die auf einem Berg liegt, nicht verborgen bleiben. Man zündet auch nicht ein Licht an und setzt es unter den Scheffel, sondern auf den Leuchter; so leuchtet es allen, die im Haus sind. So soll euer Licht leuchten vor den Leuten, dass sie eure guten Werke sehen und euren Vater im Himmel preisen." (Matthäus 5, 10–16)

Unser Zeugnis für Jesus, unsere Botschaft vom Evangelium des Reiches Gottes und unsere Verbundenheit mit dem jüdischen Volk und unsere damit verbundene Verantwortung für und vor unserem eigenen Volk gehen in der Endzeit Hand in Hand. Nur in diesem Miteinander sind und bleiben wir glaubwürdig gegenüber der Außenwelt und gewinnen ihr gegenüber an Vollmacht.

Der Messias Israels und der Gott Israels sind eins. Der Gott Israels ist in seinem Sohn nicht nur unser persönlicher Retter, er ist auch der Herr der Geschichte, Herr aller Herren und König aller Könige. Er ist gleichzeitig Lamm Gottes und Löwe von Juda. Wir können und dürfen Jesus nicht zerteilen, wir dürfen Gott nicht zerteilen und wir dürfen die Bibel nicht zerteilen. Unser persönliches Heil wird dadurch zwar nicht gefährdet. Aber unser gemeinsamer Auftrag, unsere Wirksamkeit und unsere Vollmacht als Gemeinde Jesu und als Christenheit sehr wohl.

KAPITEL 15

Gericht über alle Völker oder einen Teil?

Eine Frage, die sich aufdrängt, ergibt sich daraus, dass in Bezug auf dieses angekündigte endzeitliche Gericht mal von „allen Völkern" die Rede ist (z. B. Sacharja 12, 9, Joel 4, 2) und an anderer Stelle – insbesondere in Matthäus 25, 31ff – von einer Scheidung der Völker in solche, die sich den leiblichen Brüdern Jesu, den Juden und Israel gegenüber, barmherzig verhalten haben, und solchen, die unbarmherzig waren: „Schafnationen" und „Bocknationen". Wie passt das zusammen?

Auf dem Weg zu einer Weltregierung

Im Buch der Offenbarung ist vorhergesagt, dass eine Zeit kommen wird, in der es einen Weltherrscher (den sogenannten „Antichrist") und unter ihm eine Art Weltregierung geben wird. In dieser antichristlichen Weltregierung wird der „Geist Babels", wie wir ihn aus der Erzählung vom Turmbau zu Babel in 1. Mose 11 schon kennen, seine letztendliche Entfaltung erleben:

„Und er brachte mich im Geist in eine Wüste. Und ich sah eine Frau auf einem scharlachroten Tier sitzen, das voll Namen der Lästerung war und sieben Köpfe und zehn Hörner hatte. Und die Frau

war gekleidet in Purpur und Scharlach und übergoldet mit Gold und Edelsteinen und Perlen; und sie hatte einen goldenen Becher in ihrer Hand, voll von Greueln und der Unreinheit ihrer Unzucht, und auf ihrer Stirn war ein Name geschrieben: Geheimnis, Babylon, die Große, die Mutter der Huren und der Greuel der Erde."

(Offenbarung 17, 3–5)

In den letzten 100 Jahren haben sich im oft konfliktreichen Miteinander (oder Gegeneinander) der Völker globale Strukturen entwickelt, die zuvor undenkbar waren: Nach dem Ersten Weltkrieg der Völkerbund mit Hauptsitz in London. Nach dem Zweiten Weltkrieg die Vereinten Nationen mit Hauptsitz in New York. Die Hauptaufgabe dieser Institutionen war und ist, das friedliche Zusammenleben der Völker zu gewährleisten. Wenn wir uns auf die Zeit nach dem Zweiten Weltkrieg beschränken, dann kann man wohl sagen, dass die Vereinten Nationen (engl.: United Nations – UN) die aktuelle Repräsentation der weltweiten Völkerfamilie darstellen. Das ist noch keine Weltregierung – aber eine Struktur, die es uns leicht macht, sich vorzustellen, wie eine solche Weltregierung einmal aussehen könnte, und vielleicht eine Art Vorläufer davon. Im Moment sind 193 Nationen in der UN vertreten – das sind praktisch alle international anerkannten Nationen mit entsprechender Regierung und diplomatischem Status.

Wenn nun in der Bibel von „allen Völkern" die Rede ist, dann könnte eine Institution, wie die UN, dieser Beschreibung durchaus entsprechen. Wenn die UN in einer Sache tätig wird, dann werden in einem gewissen Sinne „alle Völker" in einer Sache tätig. Das heißt aber noch lange nicht, dass alle Einzelvölker in der betreffenden Frage einer Meinung sein müssen.

Beispiel: Irakkrieg unter Führung der USA Anfang der 1990er Jahre

Es gibt in der modernen Geschichte nur ein Beispiel dafür, dass die UN unter voller Anwendung ihres dafür vorgesehenen Regulariums militärisch offensiv tätig geworden ist: Das war der sogenannte Golfkrieg, der unter der Federführung der USA unter Präsident Bush (sen.) gegen den Irak Saddam Husseins, der kurz zuvor das Nachbarland Kuweit überfallen hat. Der militärische Gegenschlag erfolgte mit Zustimmung des Sicherheitsrates und der nötigen Mehrheit der Vollversammlung.

Aber für uns von Bedeutung ist die Tatsache, dass bei weitem nicht alle Völker in dieser Angelegenheit der gleichen Ansicht waren und in gleicher Weise tätig geworden sind. Von den damals ca. 180 Völkern haben nur 13 Völker Soldaten gestellt. Etwa 60 Völker haben logistische Unterstützung geleistet. In der Abstimmung der Vollversammlung haben auch viele Völker gegen einen Angriff gestimmt oder sich der Stimme enthalten. „Alle Völker" (die UN) sind gegen Saddam Hussein militärisch aktiv geworden und haben ihn letztendlich auch aus Kuweit vertrieben. Aber nicht „alle Völker" waren deshalb beteiligt oder auch nur für diesen Militärschlag.

Von daher lässt sich gut vorstellen, dass es in der UN – oder wie auch immer diese Institution unter antichristlichen Rahmenbedingungen einmal heißen wird – an den Punkt kommt, an dem sie sinngemäß zu der Meinung kommt: „Die Auseinandersetzung um den Status von Jerusalem ist das letzte große Hindernis für den Weltfrieden. Wenn der Staat Israel nicht auf unsere Forderungen eingeht, müssen wir unsere Forderungen mit militärischen Mitteln durchsetzen!" Die Mehrheit der Nationen schließt sich dieser Forderung auf die eine oder andere Weise an – aber eben nicht notwendigerweise alle Nationen.

Die entscheidende Frage wird sein: Wie wird sich Deine Nation verhalten?

Es braucht Mut, gegen den Strom zu schwimmen

Eines ist klar: Um sich in einem antichristlich geprägten Umfeld gegen die Mehrheitsmeinung zu stellen, braucht es Mut. Die Regierung braucht tiefe Überzeugungen und großen Mut. Und die Bevölkerung braucht gleichermaßen Mut, um sich hinter eine solche Regierung zu stellen und ihr den Rücken zu stärken. Und hier sind wir Christen, hier ist die Gemeinde Jesu gefragt.

Ohne unsere Fürbitte, ohne unsere Überzeugungen, die wir auf der Basis des Wortes Gottes gewinnen, ohne die übernatürliche Unterstützung des Lammes Gottes und des Heiligen Geistes, ohne unseren Mut und unsere Klarheit werden unsere Völker und Regierungen ihrerseits diesen Mut mit hoher Wahrscheinlichkeit nicht aufbringen. Wir lasen zuvor in Offenbarung 17, 3–5 von der Gestalt der sprichwörtlichen „Hure Babel" im antichristlichen Zeitalter, von ihrer letzten dämonisch inspirierten Blütezeit vor dem entscheidenden Fall. Lesen wir nun die vorhergehenden Verse, in denen von der Auseinandersetzung zwischen dem „Lamm" (Jesus) und seiner Gefolgschaft und dem antichristlichen „Tier" und dessen Gefolgschaft die Rede ist:

„Und die zehn Hörner, die du gesehen hast, sind zehn Könige, die noch kein Reich empfangen haben; aber sie erlangen Macht wie Könige für eine Stunde zusammen mit dem Tier. Diese haben einen einmütigen Sinn, und sie übergeben ihre Macht und Herrschaft dem Tier. Diese werden mit dem Lamm Krieg führen, und das Lamm wird sie besiegen – denn es ist der Herr der Herren und der König der Könige –, und mit ihm sind die Berufenen, Auserwählten und Gläubigen. Und er sprach zu mir: Die Wasser, die du gesehen hast,

*wo die Hure sitzt, sind Völker und Scharen und Nationen und
Sprachen.* "   (Offenbarung 17, 12–15)

Die Täler vor DEM Tal

Ehe die Nationen vor der Wahl stehen, wie sie sich angesichts
des finalen „Tal der Entscheidung" verhalten, gibt es viele „Täler der Entscheidung", die dem endzeitlichen Finale vorausgehen.
Das sind „Täler", also Entscheidungsmomente und Weichenstellungen, an denen die jeweils momentane Einstellung der Völker
gegenüber dem jüdischen Volk und/oder Israel zutage treten.

Unmittelbar vor dem Zweiten Weltkrieg war ein solches zwi-
schenzeitliches „Tal der Entscheidung" die Konferenz zu Evian in
Frankreich im Juli 1938. Über 30 vorwiegend westliche Nationen
haben sich im besten Hotel in diesem schönen Städtchen am Gen-
fer See versammelt, um über das Schicksal der jüdischen Flüchtlinge aus dem damaligen Deutschland zu entscheiden. Das Ergebnis
war erschütternd: Bis auf zwei kleinere Nationen (Dominikanische
Republik und Madagaskar) haben alle anderen Nationen, darunter
die größten und einflussreichsten, wie USA, Großbritannien und
Kanada, bis auf bestenfalls symbolische Größenordnungen keine
substantielle Zahl von Flüchtlingen aufgenommen.

Die Geschichtsbücher berichten darüber, dass diese Entscheidung von Evian die letzte Ermutigung war, die Hitler von den
westlichen Mächten brauchte, um den Holocaust in Gang zu setzen. Er wusste jetzt: So gut wie niemand interessiert sich wirklich
für das Schicksal der Juden. Im November 1938, weniger als sechs
Monate später, war Reichskristallnacht. Hunderte von Synagogen
brannten, tausende von jüdischen Geschäften wurden zerstört.
Zehntausende von Juden kamen in Konzentrationslager und Ge-
fängnisse. Zahlreiche Todesopfer waren zu beklagen. Das erste Kapitel in der Geschichte des Holocaust wurde geschrieben.

Auch heute noch gibt es ähnliche Entscheidungssituationen. Zum Beispiel in der UN. Etwa ein Drittel aller verurteilenden UN-Resolutionen gelten dem Staat Israel. Der Rest allen anderen Ländern. Ähnlich im UN-Menschenrechtsausschuss. Oder nehmen wir die sogenannten Durban-Konferenzen, benannt nach der ersten Konferenz dieser Art im Jahr 2001 in der südafrikanischen Stadt Durban. Offiziell sollte es sich dabei um Anti-Rassismus-Konferenzen handeln. De Facto haben diese Konferenzen zum Hauptziel gehabt, Israel als vermeintlich besonders rassistischen Staat an den Pranger zu stellen.

Einer der prominentesten Redner auf mehreren dieser Konferenzen war der damalige iranische Präsident Ahmadinedschad. Es fällt einem sehr schwer, an dieser Stelle nicht ironisch oder zynisch zu werden. Aber man vergleiche mal möglichst objektiv den Menschenrechts-Standard des iranischen Regimes mit dem Israels und urteile dann sachgerecht, welche moralische Legitimation jemand wie Ahmadinedschad hat, Israel Lektionen in Sachen Menschenrechte zu erteilen.

Eine weitere markante Entscheidungssituation in jüngerer Zeit war die Entscheidung der UN-Vollversammlung vom 29. November 2012 in Hinsicht auf eine Quasi-Anerkennung der Palästinensischen Autonomiebehörde (PA) als Staatsregierung mit entsprechenden Vollmachten im Kontext der UN. Und dies ohne jedes mit Israel erzielte Verhandlungsergebnis und in fundamentalem Gegensatz zu allen wesentlichen Grundsätzen der sogenannten Oslo-Vereinbarungen, deren Grundprinzip darin bestand, „Zug um Zug" „Land gegen Frieden" zu tauschen. In dieser Entscheidung der Vollversammlung gestand man der PA-Regierung diplomatisch und im weltweiten öffentlichen Ansehen sehr viel zu – praktisch ohne irgendeine substantielle, annähernd gleichwertige Gegenleistung zu Gunsten Israels. (138 Nationen stimmten dafür, neun – inklusive Israel – dagegen, 41 enthielten sich und fünf waren nicht anwesend).

Und in diesem Sinne könnte man noch so manche Entscheidung aufführen, insbesondere wenn man noch nationale oder kontinentale Entscheidungen, wie z. B. auf der Ebene der Europäischen Union oder der Organisation Afrikanischer Staaten, in Betracht zieht. Es ist meine Überzeugung, dass es höchste Zeit ist, dass sich Regierungen, Parlamente und öffentliche Meinungsmacher der Tragweite ihrer Entscheidungen bewusster werden, sich ein geschärftes Rechts- und Wahrheitsbewusstsein aneignen und sich nötigenfalls gegen die Weltmeinung stellen. Dem Grundsatz nach ist das heute genauso nötig und richtig, Israel gegen die pauschale Diffamierung und Dämonisierung solidarisch zur Seite zu stehen, wie es damals 1938 in Evian richtig gewesen wäre, sich den diffamierten und verfolgten Juden Deutschlands gegenüber solidarisch und großzügig zu erweisen.

Die Vermutung liegt nahe, dass es in Zukunft noch eine Reihe weiterer solcher Entscheidungssituationen geben wird. Je besser sich die Völker in diesen Situationen bewähren, Israel gegenüber fair zu handeln, umso stärker steigen die Chancen, dass möglichst viele Nationen auch im finalen „Tal der Entscheidung" gegen den Mainstream und gegen die Mehrheitsmeinung votieren und handeln werden.

KAPITEL 16

Gebet für unsere Regierungen

Wir haben bisher viel über Gottes gesamtbiblische Sicht für Israel, die Völker und die Gemeinde Jesu aus der Völkerwelt gehört. Wir haben biblische Grundwahrheiten entdeckt und die besondere Bedeutung der Zuspitzung herausfordernder Entwicklungen in der Endzeit. Die Wiederherstellung Israels ist einer der klarsten Hinweise darauf, dass wir im letzten Abschnitt der Endzeit angelangt sind – wie lange dieser auch immer noch dauern mag. Dieser biblische Überblick soll nun münden in einen letzten Hinweis auf die Verantwortung der weltweiten Christenheit – und insbesondere auf die Rolle und Aufgabe der betenden Christen unter allen Völkern und Nationen.

„Gebet, Fürbitte und Dank ... für Könige und alle, die in herausragender Stellung sind ...“

Im 1. Brief an Timotheus schreibt Paulus, wie wichtig das Gebet für unsere Regierungen ist. Indem wir für unsere Regierung beten und indem als Frucht unseres Gebets die Regierung in Verantwortung und Gottesfurcht ihre Aufgabe erfüllt, kommt Segen auf das Volk. Wie wir gelesen haben, ist es ein Teil der Verantwortung einer jeden Regierung, Israel und das jüdische Volk zumindest mit Respekt und Fairness zu behandeln, im günstigen Fall mit

Wohlwollen und Wertschätzung – so wie man selbst gerne behandelt werden will.

Hier nun das Zitat des Paulus:

„So ermahne ich nun, dass man vor allen Dingen Bitten, Gebete, Fürbitten und Danksagungen darbringe für alle Menschen, für Könige und alle, die in hoher Stellung sind, damit wir ein ruhiges und stilles Leben führen können in aller Gottesfurcht und Ehrbarkeit; denn dies ist gut und angenehm vor Gott, unserem Retter, welcher will, dass alle Menschen gerettet werden und zur Erkenntnis der Wahrheit kommen. " (1. Timotheus 2, 1–4)

Da es sich im Verhältnis der Völker zu Israel um ein zutiefst geistliches und geistlich bedeutsames Geschehen handelt, ist hierbei das Gebet von besonderer Priorität und Dringlichkeit. Es geht um nicht weniger als um das zeitliche und ewige Schicksal unserer Völker. Alle Völker befinden sich auf dem Weg in das „Tal der Entscheidung". Alle Völker werden vom wiederkommenden Herrn der Herren und König der Könige geschieden werden – in „Schafe" und in „Böcke". Die „Schafnationen" zeichnen sich gegenüber Israel durch eine Lammesnatur, durch eine demütige und sanftmütige Haltung Israel gegenüber aus. Die „Böcke" zeichnen sich demgegenüber durch den Geist Babels aus, durch einen Geist des Stolzes und der Rebellion, die endzeitlich antichristlich eskaliert.

„Schafe" oder „Böcke"?

Eine alttestamentliche Schilderung eines antigöttlichen Ziegenbockes finden wir in Daniel 8, 8–12:

„Der Ziegenbock aber wurde über die Maßen groß; als er aber am stärksten war, zerbrach das große Horn, und es wuchsen an dessen Stelle vier ansehnliche Hörner auf, nach den vier Himmelsrichtungen hin. Und aus einem von ihnen wuchs ein kleines Horn hervor,

das tat außerordentlich groß gegen den Süden und gegen den Osten und gegen das herrliche [Land]. Und es wagte sich bis an das Heer des Himmels heran und warf von dem Heer und von den Sternen etliche auf die Erde und zertrat sie. Ja, bis zum Fürsten des Heeres erhob es sich, und es nahm ihm das beständige [Opfer] weg, und seine heilige Wohnung wurde verwüstet. Und das Heer wurde dahingegeben samt dem beständigen [Opfer] wegen des Frevels, und [das Horn] warf die Wahrheit zu Boden, und sein Unternehmen gelang ihm."

Das letzte Merkmal, das uns hier in Bezug auf die Charaktereigenschaft des Ziegenbockes genannt wird, ist aufschlussreich: „... und die Wahrheit wurde zu Boden geworfen ..." Wenn man die Weltmeinung, die Weltmedien und auch die meisten Regierungen dieser Welt in Bezug auf Israel näher betrachtet, lässt sich genau dies feststellen: Die Wahrheit wird zu Boden geworfen und mit Füßen getreten. In biblischer Schilderung werden Ziegenböcke – im Unterschied zum Lamm – mit einem widerspenstigen, aufmüpfigen Charakter in Verbindung gebracht. Die Hörner von Böcken stehen oft für widergöttliche Nationen, die oft wie aus dem Nichts hervorwachsen und zu großer Macht und zu großem Einfluss kommen.

Gottgeschenkte Liebe zum eigenen Volk

Unsere zentrale Motivation für unser Gebet möge Gottes ureigene Liebe und seine Barmherzigkeit sein. Wir kehren am Schluss zum Anfang zurück: Gott liebt die Völker. Gott liebt Israel. Gott liebt auch seine Gemeinde. Er hat für uns alle das Beste im Sinne. Aber für uns alle gilt die Voraussetzung, dass wir uns an Gottes Vorgaben und Regeln halten.

Ich selbst hatte lange Zeit große Mühe, eine positive Identität als Deutscher zu entwickeln. In meinem angefügten Zeugnis werde ich Näheres darüber berichten. Tatsache ist, dass ich nach meiner Bekehrung zuerst eine tiefe Liebe für die Gemeinde Jesu in mein Herz bekommen habe, eine Sehnsucht nach der Einheit der Christen, nach dem Wachstum des Leibes Christi, nach Erweckung und Erneuerung. Ein paar Jahre nach meiner Bekehrung gab es allerdings ein Schlüsselerlebnis, durch das ich eine übernatürliche Liebe zu Israel in mein Herz bekommen habe. Lehrmäßige biblische Grundlagen wurden schon vorher gelegt. Aber eine Herzensverwandlung brauchte noch etwas Zeit. Und erst danach, gewissermaßen als Frucht einer von Gott geschenkten Liebe zum jüdischen Volk und zu Israel, konnte ich nach und nach eine Liebe zu meinem eigenen deutschen Volk entwickeln.

Dieser Prozess hält bis heute an. Doch seit mehr als einem Jahrzehnt hat meine Liebe zum eigenen deutschen Volk eine Dimension erreicht, die mich motiviert und befähigt, mit Gottes Hilfe eine erhebliche Hingabe ihm gegenüber aufzubringen. Gottes Erlösungsabsichten für Deutschland zu ersuchen und zu entdecken und mich dafür einzusetzen, dass diese sich entfalten, ist zu einem zentralen Bestandteil meiner Lebensaufgabe und Lebensberufung geworden.

Unser Herz von Gott erweitern lassen

Die abschließende Frage lautet: Sind wir Christen bereit, unser Herz von Gott erweitern zu lassen? Ich gehe davon aus, dass die meisten Gläubigen, die dieses Büchlein lesen, ein brennendes Herz für den Leib Christi, für Erweckung, für die Verbreitung des Evangeliums und Gemeindeerneuerung haben. Ich gehe auch davon aus, dass viele von ihnen mehr oder weniger intensiv eine biblische Offenbarung und eine gottgeschenkte Liebe für Israel und für das jüdische Volk haben. Dafür können wir nur dankbar sein!

Meine Frage und mein Gebet ist Folgendes: Darf Gott darum werben und dahingehend wirksam werden, dass wir in unserem Herzen Raum machen für unser eigenes Volk? Ist uns das Schicksal unseres Volkes wichtig? Ist uns der Segen Gottes für unser Volk wichtig? Dann lautet die nächste Frage: Ist es uns wichtig, dass unser Volk ein Segen für Israel ist, bleibt oder wird? Wenn wir dafür Raum machen in unseren Herzen, dann würde es mich nicht überraschen, wenn die gottgeschenkte Liebe zu Israel und zum eigenen Volk in einer Art Wechselwirkung sich zum gegenseitigen Wachstum befördern.

2015 – ein Schlüsseljahr

Im Jahr 2015 jährt sich das Gedenken an das Ende des Zweiten Weltkrieges zum 70. Mal. Die Zahl 70 ist eine Zahl von hoher biblischer Relevanz. Wir sprachen schon über die hebräische Zahlenbedeutung von 7 mal 10. Auch für Jeremia und Daniel war im Zusammenhang mit dem Ende des babylonischen Exils die Zahl 70 von hoher Bedeutung. Wir lesen davon eindrücklich in Daniel, Kapitel 9 (Verse 1–3):

„Im ersten Jahr des Darius, des Sohnes Ahasveros', von medischer Abstammung, der zum König über das Reich der Chaldäer gemacht worden war, im ersten Jahr seiner Regierung achtete ich, Daniel, in den Schriften auf die Zahl der Jahre, von der das Wort des Herrn an den Propheten Jeremia ergangen war, dass die Verwüstung Jerusalems in 70 Jahren vollendet sein sollte. Und ich wandte mein Angesicht zu Gott, dem Herrn, um ihn zu suchen mit Gebet und Flehen, mit Fasten im Sacktuch und in der Asche.“

Was das jüdische Volk betrifft, ist von hervorgehobener Bedeutung die Tatsache, dass das Ende des Holocaust in Europa mit dem Ende des europäischen Zweiten Weltkrieges am 8. Mai zusammenfällt. Hinzu kommt ein zweites bedeutsames Datum: Die

Befreiung des KZ Auschwitz, dem weltweiten Synonym für den Holocaust, am 27. Januar 1945, jährt sich Anfang 2015 zum 70. Mal. Dieses Datum, der 27. Januar, ist in Deutschland im Jahr 1995 zum nationalen Holocaust-Gedenktag erhoben worden, im Jahr 2005 durch die EU zum europäischen Holocaust-Gedenktag und im Jahr 2006 durch die UN zum globalen Holocaust-Gedenktag. Warum braucht es einen globalen Gedenktag? Weil der Antisemitismus und Antiisraelismus, der bis zum Zweiten Weltkrieg ein primär europäisches Phänomen war, nun zu einem globalen Phänomen geworden ist.

Zwischen dem 27. Januar und dem 8. Mai liegen ziemlich genau 100 Tage. Dieses Zeitfenster wollen wir im Jahr 2015 zum Anlass nehmen, um Christen aller Völker und Denominationen aufzurufen zum Gebet für Israel, besonders aber zum Gebet für das eigene Volk und ihre Regierung sowie dessen Beziehung zu Israel. Und wo der Herr Gnade schenkt, möge dieses Gebet mit irgendeiner Form des Fastens verstärkt werden (siehe Anlage).

Die Vision hinter dieser Initiative besteht darin, dass in der Vorbereitung auf diese 100 Tage, in der Durchführung dieser konzentrierten Aktion und im Nachklang dazu, viele Christen, viele Gemeinden, viele Gebetsnetzwerke und sonstige christliche Bewegungen und Denominationen in ihren Herzen die Bedeutung Israels für das Schicksal der eigenen Nationen erkennen und entsprechend ihr Gebet für die eigene Regierung und das eigene Volk – mit der Hilfe des Heiligen Geistes – vertiefen.

Möge Gott uns allen die dafür nötige Liebe und Barmherzigkeit schenken!

TEIL 2

Anlagen

Zeugnis und Vision

von Harald Eckert

Aufgewachsen bin ich in einer relativ „normalen" deutschen Familie. Einer meiner Großväter war aktiver und überzeugter Nazi und Soldat bei der Wehrmacht. Er starb wenige Jahre nach dem Krieg an einer Kriegsverletzung. Eine meiner Großmütter war gläubige Christin und Mitglied der Bekennenden Kirche, die sich als bibeltreue Gegenbewegung zu der von der Naziideologie dominierten lutherischen Bewegung der „Deutschen Christen" verstand und damit Widerstandscharakter hatte. (Karl Barth, Martin Niemöller und Dietrich Bonhoeffer waren die prominentesten Vertreter der Bekennenden Kirche). Andere damals lebende Vorfahren von mir versuchten einfach mit möglichst wenig Verlust durch diese unruhige Zeit zu kommen.

Kindheit und Jugend

Ich selbst bin in einer lutherischen Familie in einer katholisch geprägten Umgebung in München aufgewachsen. Von meiner Mutter lernte ich beten, von meiner oben schon erwähnten gläubigen Großmutter lernte ich viele biblische Geschichten, hörte aber auch viele Zeugnisse davon, wie sie zwölf Jahre Nazi-Deutschland und fast fünfzehn Jahre DDR-Kommunismus durchlebte. Nach einigen Jahren persönlichen Irrens und Suchens in der frühen Teenagerzeit fand ich in der sogenannten „Jesus-People"-Bewegung Mitte der siebziger Jahre unter recht erwecklichen und geistlich dynamischen Bedingungen wieder zurück zum Glauben an Jesus, der mir als Kind schon viel bedeutete.

Wenig später lernte ich in dem früheren Philosophiedozenten an der namhaften Cambridge-Universität und später weltweit bekannten Bibellehrer Derek Prince Mitte der siebziger Jahre eine Persönlichkeit kennen, die mich in meiner Jugend sehr geprägt hat. In den achtziger Jahren brachte ich eine Lehrzeitschrift mit dem Titel „Wiederherstellung" heraus, die von diesem Bibellehrer beeinflusst war. Im Zentrum dieser Zeitschrift standen schon Fragen im Zusammenhang mit den Verheißungen Gottes an Israel und an der Gemeinde Jesu in der Zeit vor dem zweiten Kommen Jesu.

Auch die Frage nach einer biblischen Sicht für die Völker war ansatzweise schon gegeben, sowohl unter missionarischen Gesichtspunkten als auch in der Beziehung der Völker zu Israel. In den neunziger Jahren kam es dann zu einer noch engeren Zusammenarbeit und Freundschaft mit Derek Prince. Gleichzeitig gehörte ich auch dem Leitungsteam von „Fürbitte für Deutschland" an, einer damals recht dynamischen Gebetsbewegung.

Erste Berufungsmomente

In diesen jüngeren Jahren hatte ich schon einige Erlebnisse, die meine später immer deutlicher zutage tretende Berufung andeuteten und vorbereiteten. Drei davon möchte ich nennen.

Auf Grund meiner eigenen erwecklichen Erlebnisse um meine Bekehrung herum war mir das Gebet für Erweckung in Deutschland in jungen Jahren ein großes Anliegen. Es verband sich mit meinem Gebet für die Einheit der Christen, für das Wachstum des „Leibes Christi" und ähnlichen Anliegen. Die Frage nach Gottes Anliegen für unser deutsches Volk war am Rande schon erkennbar, aber bei weitem noch nicht so zentral wie in den letzten Jahren. Das Phänomen des Holocaust bewegte mich ebenfalls seit meiner Jugend, aber eher als großes Fragezeichen, als Dauerirritation, das ich weder historisch noch geistlich einordnen konnte. Meine Eltern hatten ein Wochenendhaus, in das ich mich immer wieder gerne für einige Tage zurückgezogen habe, um die Gemeinschaft mit dem Herrn zu suchen.

Ich weiß noch genau, wie mich in einer dieser Rückzugszeiten zum ersten Mal dieses Wort von Römer 5, 20b richtiggehend gepackt hat: „*Wo Sünde mächtig wirksam war, möchte sich die Gnade Gottes umso wirksamer erweisen.*" Und das Erstaunliche für mich war, dass mich dieses Bibelwort ergriffen hat im Gebet für die „üblichen" Anliegen (Erweckung, Einheit, Leib Christi etc.), ich aber sofort verstand, dass es mir ans Herz gelegt wurde mit Blick auf die Schuld der Deutschen an den Juden und mit der Verheißung, dass Gott Wege und Möglichkeiten hat, diese unendlich tragische Geschichte in etwas Positives zu verwandeln. Ja, ich spürte, dass er nicht nur Wege und Möglichkeiten hat, sondern den festen Willen dazu. Seitdem ist dieser Vers mein ständiger Begleiter geworden in der Frage nach Gottes Erlösungsabsichten für Deutschland. Das ist nun etwa 35 Jahre her.

Etwa zur gleichen Zeit hatte ich die Möglichkeit, mit einer Reisegruppe unter der Reiseleitung von Derek Prince an einer Tour durch Israel teilzunehmen. Einige aus der Gemeinde, die ich damals besuchte, zeigten Interesse. Ich war auch interessiert und war kurz davor, mich anzumelden. Doch in einem Moment des Gebets spürte ich deutlich, dass der Herr mir davon abriet. Es war, als würde er mir sagen wollen: „Warte, bis ich Dir eine spezielle

Tür nach Israel aufmache. Wenn Du durch diese Tür gehst, wird Dich das in Deine Lebensberufung hineinführen." Das war Ende der 1970er Jahre. Das erste Mal nach Israel kam ich 1992. Doch davon später.

Wenige Jahre später, ich glaube 1981, besuchte ich einige Freunde aus meiner Gemeinde in London. Sie waren so etwas wie ein Pionierteam mit dem Ziel, eine Gemeinde in London zu gründen. Ich war bei einem Londoner Bekannten zum Mittagessen und hatte danach etwas Muße und Zeit, seinen schönen Londoner Innengarten zu genießen.

Während dieser ruhigen Stunde hatte ich ein außergewöhnliches geistliches Erlebnis – von einer Art, wie ich es bis dahin so noch nicht hatte. Ich „hörte" den Geist Gottes zu mir reden, in einer Deutlichkeit, die mir neu war. Er stellte eine Frage. Sie lautete: „Harald, liebst Du mein Volk?" Diese Frage löste eine sofortige Reaktion in mir aus: „Selbstverständlich Herr, das weißt Du doch!" Dabei dachte ich an mein leidenschaftliches Engagement für die Einheit der Christen, für das Erstarken des Leibes Christi und ähnliches.

Nach einer kurzen Zeit der Stille kam die Frage zum zweiten Mal: „Harald, liebst Du mein Volk?" Das Wort „mein" erregte dieses Mal meine besondere Aufmerksamkeit und ich erkannte in einem Moment, dass Gott vom jüdischen Volk sprach. Meine innere, spontane Reaktion war diesmal völlig anders: Es war, als würde ein Film vor meinem inneren Auge ablaufen. Eine Reihe von Situationen, Szenen und Erinnerungsbruchstücke reihten sich aneinander, die ein gemeinsames Thema hatten: die Gefahr, in die Christen sich gebracht haben, wo sie sich für Juden eingesetzt haben, und der Preis, den dies viele von ihnen gekostet hat. Vor allem in der Nazizeit. Ich dachte an Corrie ten Boom, Dietrich Bonhoeffer und andere, von denen ich in Filmen oder Büchern gehört oder gelesen hatte. Angst erfüllte mich – und ich konnte nicht antworten. Ich schwieg.

Schließlich hörte ich die Frage zum dritten Mal: „Harald, liebst Du mein Volk?" Und diesmal löste die Frage wiederum etwas ganz anderes, etwas völlig Unerwartetes aus. Mir war, als würde mir mit dieser Frage eine Decke von meinem inneren Auge oder – besser vielleicht – von meinem Herzen weggenommen werden. Ein überwältigendes Gefühl der Liebe und emotionalen Zuneigung und Wärme erfüllte auf einmal mein Herz wie eine Flut. Ich erkannte sofort, was es war: Es handelte sich um Gottes ureigene Liebe zu seinem Volk, dem jüdischen Volk. Er zeigte mir ein Stück seines Herzens. Es war überwältigend. Die Angst und Furchtsamkeit, die eben noch so stark in mir vorhanden war, war in einem Moment wie weggespült und um ein Vielfaches stärker von der Liebe Gottes für das jüdische Volk ersetzt worden. Und ich hörte mich beten: „Jesus, wenn Du so eine Liebe zu Deinem Volk hast, dann möchte ich Dich bitten, dass Du mir ein wenig von dieser gewaltigen Liebe in mein Herz hineinpflanzt." Und so ist es passiert. Doch es sollte immer noch etwa zehn Jahre dauern, bis ich zum ersten Mal nach Israel kam. Und dies geschah ebenfalls unerwartet und in einer Weise, die ich mir weder ausmalen noch vorstellen konnte.

Ich arbeitete damals im Herbst 1991 für „Fürbitte für Deutschland" und eines Tages kam ein junger Mann etwa meines Alters zu uns ins Büro. Er erzählte mir, dass er vor kurzem mit seinem Vater und seinem Bruder in Israel war. Da wurde ihnen bewusst, dass sich am 20. Januar 1992 die berüchtigte Wannsee-Konferenz zum 50. Mal jährte. Das Stichwort „Wannsee-Konferenz", das wusste ich, hatte mit der letzten Eskalationsstufe des Holocaust zu tun, mit Auschwitz und mit dem Masterplan für die Vernichtung aller 13 Millionen europäischen Juden. Auf dieser „Konferenz" wurde gewissermaßen der Knopf gedrückt, der diesen teuflischen Masterplan in Gang gesetzt hat.

Der Gedanke und Vorschlag dieses jungen Christen war: „Wie wäre es, wenn zwölf Christen der Nachkriegsgeneration genau 50 Jahre später, am 20. Januar 1992, gemeinsam in die Holocaust-Gedenkstätte Yad Vashem gingen, um dort Buße zu tun für die Schuld ihrer Väter?" Die Bibelstelle, die er dazu nannte, war Jesaja 60, 14, wo es hieß: *„Und die Söhne deiner Unterdrücker werden zu Dir kommen und sich vor dir beugen."* Ich spürte sofort eine starke, positive innere Reaktion und schnell wurde klar: Das ist die Tür, von der der Herr vielleicht 12–13 Jahre zuvor zu mir sprach.

Drei von unserer Gruppe brachten einen bestimmten Aspekt der Schuld unserer Väter vor den anwesenden Deutschen und Juden, darunter Parlamentsabgeordnete, Journalisten, Geistliche und der damalige Bürgermeister von Jerusalem, Teddy Kollek, zum Ausdruck. Mein Thema war: „Die Schuld und das Versagen der Christen in der Geschichte und während des Dritten Reiches." Im Rückblick kann ich sagen, dass damit die „DNA" meiner später sich weiter entfaltenden Berufung gelegt wurde: Es ging um die christlich-jüdische Beziehung – aber in einem Kontext, der auch zentrale Bedeutung für die deutsch-israelische Ebene hatte. Beides – die religiöse Dimension und die Dimension der Völkerverständigung – sollte sich in den nächsten 20 Jahren erheblich vertiefen und erweitern.

Ringen um Deutschland

Schritt um Schritt folgte ich dieser Berufung. Im Verlauf der neunziger Jahre wurde die Thematik Christen/Juden und Deutschland/Israel immer mehr zu meinem Herzens- und Aufgabenschwerpunkt. Auf diesen beiden Ebenen. Ich predigte und hielt Vorträge, ich schrieb, ich unterstützte und initiierte Projekte und Netzwerke, die sowohl die Christen in ihrer Beziehung zum jüdischen Volk stärkten als auch einen positiven Einfluss auf die deutsch-israelischen Beziehungen ausübten. In den letzten zehn Jahren rückte auch die europäisch-israelische Dimension noch mehr in den Fokus. Und in den letzten zwei bis drei Jahren öffneten sich auch neue Türen in Afrika, Asien und darüber hinaus. Die Erfahrungen in dem geistlichen und praktischen Ringen um Deutschland inspirierten auch andere Fürbitter, geistliche Leiter und Christen mit Einfluss auf der politischen Ebene ihres Landes in verschiedenen Teilen der Welt.

Eine besondere Komponente stellte dabei die Dimension von Fasten und Gebet dar. Eine Reihe von Christen folgten in den Jahren 2004 bis 2010 einer geistlichen Strategie, jeweils zu Jahresanfang 40 Tage des Fastens und Gebets für die Beziehung Deutschlands zu Israel zu nehmen. Die Intensität des Fastens war jedem freigestellt – aber immer mehr Gläubige wurden von dem dahinterstehenden Anliegen ergriffen und fanden die Kraft und Motivation, sich die kompletten 40 Tage von jeder festen Speise zu enthalten. Die Vision dafür, dass Gott an Deutschland und an Deutschlands Beziehung zu Israel seine Erlösungskraft in ganz besonderer Weise demonstrieren wollte, wurde für immer mehr von uns zu einer kraftvollen Vision und Inspiration. Bei der letzten dieser sieben Fasten- und Gebetsperioden, im Jahr 2010, folgten hunderte von Haus- und Gebetskreisen und tausende von Christen in Deutschland dieser Einladung zum kollektiven Fasten und Gebet.

All dies ist noch weit weg von der Dimension, die Gott meiner Überzeugung nach für uns als Christen in Deutschland aufschließen möchte und die in diesem kolossalen Ringen um das Schicksal unseres Volkes Not tut. Aber es ist doch sehr viel mehr, es ist eine viel stärkere Dimension der Einheit und des gemeinsamen geistlichen Engagements, als auf dieser Ebene zu diesem Anliegen bisher möglich war. Das macht Mut, das trägt Frucht und die Richtung stimmt. Möge aus diesem beachtlichen „Schneeball" eine geistliche Lawine werden, die unser Volk in der Endzeit als verlässlichen und treuen Freund Israels noch deutlich mehr als bisher erstarken lässt und die uns in den Momenten der finalen Entscheidung – als Demonstration seiner unermesslichen Gnade – in kollektiver Größenordnung als Volk auf die Seite der „Schafnationen" stellt! Und mit uns möglichst viele andere Völker und Nationen!

Israel und die UNO

von Andrew Tucker

Seit dem Zweiten Weltkrieg wurden die Vereinten Nationen zum maßgebenden (wenn auch nicht einzigen) institutionellen Rahmen, innerhalb dessen Diplomatie auf internationaler Ebene ausgeübt wird. Die Institutionen der UNO werden von den Nationen der Welt genutzt, um immer mehr Druck auf Israel auszuüben. Einer der dringlichsten Punkte auf der UN-Agenda ist die Erschaffung eines palästinensischen Staates. Dies hätte zur Folge, dass Juden aus Judäa und Samaria (dem biblischen Kernland Israels) weichen müssten und Jerusalem wieder geteilt würde. Aus biblischer Perspektive ist dies sehr bedeutsam.

Rechtmäßigkeit des Staates Israel

Es entsteht oft der Eindruck, dass Israel als eine Konsequenz aus der Schoah (Holocaust) und aufgrund von UN-Beschlüssen gegründet wurde. Es wird oft behauptet, dass Palästina ein Land war, das den Palästinensern, einem arabischen Volk, „gehörte" und in welches die Juden dann „einfielen".

Diese Eindrücke stimmen nicht. Obwohl der moderne israelische Staat offiziell erst im Mai 1948 gegründet wurde, so reichen seine

Ursprünge doch weit vor die Gründung der UNO 1945 zurück. Dieser geschichtliche Zusammenhang wird oft ignoriert, wenn der rechtliche Status Israels diskutiert wird. Tatsächlich ruht die Rechtmäßigkeit des Staates Israel gemäß internationalem Recht auf zwei Hauptsäulen, die noch vor den Zweiten Weltkrieg zurückreichen und welche ineinander greifen und zusammenhängen:

- Das natürliche Recht des jüdischen Volkes auf Selbstbestimmung gemäß dem modernen internationalen Recht auf der Basis der geschichtlichen Verbindung zwischen dem jüdischen Volk und dem Land Palästina seit tausenden von Jahren – einer engeren und dauerhafteren Verbindung, als das bei jeder anderen definierbaren Volksgruppe der Fall ist – und sein anerkanntes Recht, in diesem Land ihre eigene Nation wieder zu errichten; und

- Die Rechte und den Anspruch auf Palästina, welche dem jüdischen Volk durch die alliierten Siegermächte nach dem Ersten Weltkrieg (in der San Remo-Konferenz im April 1920) gewährt wurden, so wie es anerkannt wurde im Palästina-Mandat, welches vom Völkerbund 1922 in Kraft gesetzt wurde.

Diese geschichtlichen Rechtsgrundlagen kamen daraufhin zum Ausdruck in der Gründung des Staates Israel am 14. Mai 1948. Die Anerkennung als solche ist für die Rechtmäßigkeit eines Staates nicht ausschlaggebend, es ist jedoch bedeutsam, dass Israel von vielen Staaten nach seiner Gründung anerkannt wurde und dass es 1949 als Mitgliedsstaat der Vereinten Nationen aufgenommen wurde.

Die UNO und staatliche Unabhängigkeit

Die Charta der Vereinten Nationen ist ein Staatsvertrag. Die Staaten haben sich freiwillig verpflichtet, sich an die Regeln der UN-Charta zu halten und sind daran gebunden. Die Mitgliedsstaaten der UNO haben aber nicht ihre staatliche Souveränität aufgegeben. Vorausgesetzt sie halten sich an die Abmachungen des Vertrages und internationales Recht im Allgemeinen, bleiben die UN-Mitgliedsstaaten – gemäß internationaler Gesetzgebung – frei in ihren Entscheidungen, die sie in den UN-Institutionen treffen.

Dies ist ein wichtiger Punkt. Es wird z. B. oft argumentiert, dass Staaten an die früheren Beschlüsse der UN-Generalversammlung oder des Sicherheitsrates gebunden sind. Das trifft nicht zu. Staaten sind nur an internationales Recht gebunden. Die wichtigsten Quellen für internationales Recht sind Staatsverträge (einschließlich der UN-Charta) und international gebräuchliches Recht. Streng genommen mögen die Beschlüsse der UN-Institutionen eine Rechtsgrundlage auf internationaler Basis schaffen, die Beschlüsse der Generalversammlung und des Sicherheitsrates schaffen allerdings keine internationale Rechtsgrundlage und sind nicht bindend.

Die UNO – eine politische Körperschaft

Die UNO ist im Grunde genommen eine politische Körperschaft. Innerhalb des UN-Rahmenwerkes werden viele Allianzen gebildet und politische Entscheidungen getroffen. Die UNO hat 193 Mitglieder. Sie alle haben das Recht, an den Versammlungen der Generalversammlung teilzunehmen. Diskussionsrunden innerhalb der Generalversammlung (die viele unterschiedliche Themen betreffen können, von denen nicht alle mit den Kernwerten der UNO, nämlich Frieden und Sicherheit, zu tun haben) führen gewöhnlich zu Beschlüssen. Jedes Mitglied hat eine gleichberechtigte Stimme in der Generalversammlung.

Nicht-Mitgliedsstaaten sind berechtigt, an Versammlungen teilzunehmen und ein Mandat einzunehmen. Es gibt zwei offiziell anerkannte Nicht-Mitgliedsstaaten: den Heiligen Stuhl und den

„Staat Palästina". Keiner dieser Nicht-Mitgliedsstaaten ist dem Staat Israel wohlgesonnen.

Viele zwischenstaatliche Organisationen sind als „permanente Beobachter" anerkannt, d. h. sie haben ein Recht zur Teilnahme als Beobachter in Versammlungen und besitzen ein Büro in der UN-Zentrale. Viele UN-Beschlüsse werden innerhalb dieser multilateralen Institutionen vorbereitet. Zwei der wichtigsten sind die Arabische Liga und die Organisation für Islamische Zusammenarbeit (Organization of Islamic Conference, OIC).

Die Bewegung der Blockfreien Staaten (Non-Aligned Movement, NAM) hat innerhalb der UNO eine wichtige Rolle gespielt. Diese Bewegung begann in den frühen 60er Jahren und ging aus einer Oppositionsbewegung zum Kalten Krieg, Kolonialismus und westlicher Dominanz hervor. Die 120 Mitglieder von NAM (vor allem afrikanische und asiatisch-arabische Nationen) neigen dazu, den USA und Israel besonders kritisch gegenüberzustehen und unterstützen die Sache der Palästinenser. Es ist bezeichnend, dass die 16. Jahresversammlung der NAM 2012 in Teheran stattfand.

Die UN-Mitgliedsstaaten werden inoffiziell in fünf geopolitische Regionalgruppen unterteilt. Dies war anfangs eine informelle Methode, die Sitzverteilung der Komitees in der Generalversammlung einzuteilen, gewann aber zunehmend eine bedeutsamere Rolle. Abhängig vom UN-Kontext leiten Regionalgruppen Wahlen für Positionen, die sich auf die UNO beziehen, auf der Basis der geographischen Repräsentanz, koordinieren maßgeblich die Politik und bilden gemeinsame Fronten für Verhandlungen und Abstimmungen. Diese Gruppen sind:

- Die afrikanische Gruppe (54 Mitgliedsstaaten);

- Die asiatisch-pazifische Gruppe (53 Mitgliedsstaaten);

- Die osteuropäische Gruppe (23 Mitgliedsstaaten);

- Die lateinamerikanische und karibische Gruppe (GRULAC) (33 Mitgliedsstaaten);

- Die Gruppe der westeuropäischen und anderen Staaten (WEOG) (28 Mitgliedsstaaten). Die WEOG umfasst Australien, Neuseeland und Kanada zusammen mit den USA als Beobachter.

Israel nimmt in der UNO eine isolierte Stelle ein. 20 der 193 UN-Mitgliedsstaaten erkennen Israel nicht einmal als Staat an: Algerien, Bahrain, Bangladesch, Brunei, Tschad, Kuba, Indonesien, Iran, Kuwait, Libanon, Libyen, Malaysia, Nordkorea, Pakistan, Saudi Arabien, Somalia, Sudan, Syrien, die Vereinigten Arabischen Emirate und der Jemen.

Obwohl Israel geographisch gesehen in Asien liegt, wurde seine Mitgliedschaft in der asiatisch-pazifischen Gruppe immer blockiert aufgrund der großen Mehrheit muslimischer Länder im asiatischen Block, welche die Erlaubnis für die Aufnahme von Israel verweigert haben. Das bedeutet, dass Israel für die meisten bedeutenden UN-Positionen nicht wählbar war. Israel war z. B. nie Mitglied des Sicherheitsrats. Dies könnte sich nun ändern (seit Dezember 2013), da Israel als „temporäres Vollmitglied" in der Gruppe der westeuropäischen und anderen Staaten zugelassen wurde.

Die Entscheidung des Internationalen Gerichtshofes im Jahr 2004 – ein Beispiel für politische Prozesse der UNO

Der internationale Gerichtshof (International Court of Justice, ICJ) ist ein Organ der UNO, das eingerichtet wurde, um bei Konflikten zwischen UN-Mitgliedsstaaten zu schlichten und die UN-Institutionen in Rechtsfragen zu beraten. Die wichtigste Entscheidung des ICJ aus Israels Perspektive ist das Gutachten aus dem Jahr 2004 zu den Sicherheitszäunen. Diese Entscheidung wird oft maßgebend zitiert bei dem Aspekt, dass israelische Siedlungen „illegal" seien. Dies ist alarmierend, vor allem da der Hintergrund und Inhalt des Gutachtens die unglückliche Verstrickung von Gesetz und Politik demonstrieren. Es enthält viele Aussagen und Schlussfolgerungen, die ungenau, unvollständig und viel zu vereinfacht sind. Es ist erstaunlich, dass es so wenig Diskussionen darüber gibt, was das Gericht feststellt und rechtlich analysiert. Generell sollten die Entscheidungen des ICJ mit höchstem Respekt behandelt werden, in diesem Fall jedoch sollte der Rat des ICJ mit der allergrößten Vorsicht behandelt werden.

Der internationale Gerichtshof hat zwei Rollen. Erstens können Staaten den ICJ bitten, über einen Konflikt zwischen ihnen gemäß internationalem Recht („Streitfragen") zu entscheiden. Diese Entscheidungen sind für die in den Konflikt involvierten Parteien bindend. Zweitens können Organe der UNO oder andere spezielle Einrichtungen den ICJ bitten, sie zu **rechtlichen Fragen** zu **beraten** („beratende Rechtsprechung"). Dies sind zwei völlig unterschiedliche Situationen und sollten nicht durcheinander gebracht werden. Die beratende Funktion des ICJ sollte nicht eingeschaltet werden, um einen Konflikt zwischen zwei Parteien zu lösen. Das ist es allerdings, was tatsächlich hier passiert ist. Die PLO und die arabischen Staaten konnten die Rechtsprechung des ICJ in Streitfragen nicht einschalten, um ihre Konflikte mit Israel zu lösen, denn erstens ist die PLO kein Staat und zweitens würde Israel in keinster Weise zustimmen, die Konflikte vor Gericht zu bringen. Bei Streitfragen können nur Staaten den Fall vor Gericht bringen und nur dem Gericht obliegt in solchen Fällen die Rechtsprechung, wenn alle in den Streitfall involvierten Staaten dem zustimmen. Ein Staat kann nicht dazu gezwungen werden, sich der Rechtsprechung des Gerichts zu beugen. Die PLO und die arabischen Staaten verwendeten im Grunde das UN-Gutachten, um das zu schaffen, was nun als „Entscheidung" des ICJ betitelt wird (es ist in der Tat nicht mehr als ein Gutachten), was wiederum von den meisten anderen Staaten „verwendet" wird, so als ob es ein bindendes Rechtsurteil wäre, das gegen Israel durchgesetzt werden könnte. Mit anderen Worten wurde der Beratungsprozess verwendet, um eine Streitfrage zu verbergen, die andernfalls niemals vor Gericht gelandet wäre. Dies ist ein absolut inakzeptabler Missbrauch der UN-Gutachten-Funktion.

Gutachten sind **nicht verbindlich**. Die UN-Generalversammlung ist berechtigt, den ICJ zu Rechtsfragen um Rat zu bitten, um sich Unterstützung bei der eigenen Entscheidungsfindung zu holen. Die Meinung des ICJ muss mit höchstem Respekt behandelt werden, aber die Generalversammlung ist nicht berechtigt, die Meinung des ICJ als verbindlich zu behandeln. Die Generalversammlung (und alle UN-Mitgliedsstaaten) tragen ihre eigene Verantwortung, sich ihre eigene Meinung zu bilden über die zur Debatte stehende Rechtsfrage. Sie sind dazu verpflichtet, den Rat des ICJ gründlich und kritisch zu prüfen, sowohl auf seine Aussagen zu relevanten Fakten als auch auf seine rechtliche Analyse und Schlussfolgerungen hin. Meiner Meinung nach wird diese Verantwortung grob vernachlässigt von der Generalversammlung und von Mitgliedsstaaten, die einfach das Gutachten von 2004 übernehmen, so als ob es ein verbindlicher Rechtssatz nach internationalem Recht wäre.

Es ist wichtig, zu verstehen, warum die Frage der internationalen rechtlichen Konsequenzen der israelischen Sicherheitszäune dem ICJ mit der Bitte um Beratung vorgelegt wurde. Es gibt auf der Welt viele Zäune, die errichtet wurden, um eine Gesellschaft vor der benachbarten Bevölkerung zu schützen. Der Zaun bei Kaschmir wird sowohl von Indien als auch von Pakistan angefochten. Es wurden Zäune errichtet von Marokko in einem Gebiet, das (laut UN zu Recht) von Westsahara beansprucht wird, und auch von Saudi-Arabien auf einem Gebiet, das sowohl vom Jemen als auch von Saudi-Arabien beansprucht wird. Keiner dieser Zäune wurde vor den ICJ gebracht; warum war der israelische Zaun so etwas Besonderes? Die Antwort liegt in der Politik. Eine große Anzahl der Mitglieder der UN-Generalversammlung hat einfach mehr politisches Interesse daran, den Status des israelischen Sicherheitszauns vom ICJ gemäß internationalem Recht bestimmen zu lassen als bei jedem anderen Zaun auf der Welt.

Eine Prüfung der Hintergründe zu diesem Fall, dem Prozess und der Argumentation des ICJ zeigt deutlich, dass die arabischen Mitgliedsstaaten zusammen mit der PLO diesen Prozess als ein politisches Mittel eingesetzt haben, um Israels „Besatzung" des Westjordanlandes zu verurteilen und sich eine *de facto*-Entscheidung über die rechtliche Wirksamkeit der Waffenstillstandslinie von 1949 (der sogenannten „grünen Linie" oder „Grenze vor 1967") einzuholen.

Der Prozess wurde von 26 hauptsächlich islamischen Staaten[1] begonnen, die der Generalversammlung einen Antrag vorlegten, den ICJ um ein Gutachten zu ersuchen zu den „rechtlichen Auswirkungen" der „Sperranlage der West Bank", wie sie es nannten. 14 dieser 26 Staaten erkennen noch nicht einmal Israels Existenzrecht an und manche davon haben gelinde gesagt einen sehr zweifelhaften Ruf, wenn es um die Aufrechterhaltung der Demokratie und um Rechtsstaatlichkeit geht. Jeder dieser 26 Staaten hat in der Vergangenheit bereits in der UNO gegen Israel gestimmt. Der Beschluss zur Einholung des Gutachtens wurde am 3. Dezember

---

1) Algerien, Bahrain, Bangladesch, Brunei Darussalam, Komoren, Kuba, Dschibuti, Ägypten, Indonesien, Jordanien, Kuwait, Libanon, Malaysia, Mauretanien, Marokko, Namibia, Oman, Qatar, Saudi Arabien, Senegal, Somalia, Südafrika, Sudan, Tunesien, VAE, Jemen und Palästina.

2003 von nur 90 Staaten gefasst, was nicht einmal der Hälfte der 191 UN-Mitgliedsstaaten entspricht.[1]

Das Gericht ist nicht verpflichtet, ein Gutachten vorzulegen, wie es von der Generalversammlung angefordert wird, aber es ist verpflichtet zu der Entscheidung, ob dem Antrag auf ein Gutachten entsprochen wird oder nicht[2]. In diesem Fall hatte das Gericht jegliche Möglichkeit, die Ablieferung des geforderten Gutachtens abzulehnen. Indem es den Antrag nicht zurückgewiesen hat, ließ das Gericht selbst zu, dass es im politischen Prozess um den israelisch-arabischen Konflikt zum Spielball wurde.

Die UNO, die palästinensische Eigenstaatlichkeit und die Teilung Jerusalems

Die UN-Mitgliedsstaaten haben seit dem Sechs-Tage-Krieg 1967 viele Maßnahmen ergriffen, um einen arabischen Palästinenserstaat in den von Israel während des Sechs-Tage-Krieges 1967 zurückeroberten Gebieten zu errichten – dem Gazastreifen, der „West Bank" und den Golanhöhen – oft auch als „besetzte palästinensische Gebiete" bezeichnet. Die UN-Generalversammlung rief z. B. 1975 den Ausschuss für die Ausübung der unveräußerlichen Rechte des palästinensischen Volkes (Committee on the Exercise of the Inalienable Rights of the Palestinian People, CEIRPP) ins Leben und fragte dort an, ein Implementierungsprogramm zu empfehlen, welches es dem palästinensischen Volk ermöglicht, seine unveräußerlichen Rechte auf Selbstbestimmung ohne externes Eingreifen, nationale Unabhängigkeit und Sou-

---

1) 90 Staaten stimmten dafür, 8 dagegen (Australien, Äthiopien, Mikronesien, Israel, Marshal Islands, Nauru, Palau, USA), 74 Enthaltungen, 19 Mitglieder abwesend.

2) Artikel 65 (1) der Statuten des Gerichts sieht vor, dass „das Gericht ein Gutachten abgeben **kann** zu rechtlichen Fragen auf Antrag eines autorisierten UN-Organs" (Betonung hinzugefügt).

veränität auszuüben und zu ihren Häusern und ihrem Eigentum zurückzukehren, von wo sie vertrieben worden waren. Die Empfehlungen des Ausschusses wurden von der Versammlung befürwortet, welche jährlich einen Bericht des Ausschusses erhält. Die Versammlung gründete die Abteilung für die Rechte der Palästinenser als ihr Sekretariat und hat das Mandat des Ausschusses über die Jahre hinweg stetig erweitert. Der CEIRPP wurde als Instrument eingesetzt bei der Bildung von Beschlüssen der Generalversammlung, welche die israelische Militärverwaltung in den „besetzten Gebiete" kritisieren und den Standpunkt der PLO sowie der Palästinensischen Autonomiebehörde bestärken.

Seit den frühen 70er Jahren haben zahllose Beschlüsse der Generalversammlung und des Sicherheitsrates zur Gründung eines palästinensischen Staates auf der Basis der „Grenzen vor 1967" aufgerufen, welche auch als die „grüne Linie" bekannt ist. Die Grüne Linie ist tatsächlich nur eine Waffenstillstandslinie, die seit dem Ende des Unabhängigkeitskrieges 1947–1949 besteht – keine anerkannte Grenze. Erst vor kurzem, am 29. November 2012, nahm die Generalversammlung per Beschluss „Palästina" offiziell als Nichtmitglied mit Beobachterstatus in die UN-Institutionen auf. Das kommt keiner Eigenstaatlichkeit gleich, aber es kommt dem schon sehr nahe. Außerdem reichte die PLO 2011 einen Antrag zur Aufnahme von „Palästina" in die UNO beim Sicherheitsrat ein; zum Zeitpunkt, als dieser Beitrag verfasst wurde, ist nach wie vor noch keine Entscheidung über diesen Antrag gefällt worden (das Ergebnis der aktuellen israelisch-palästinensischen Verhandlungen ist noch offen).

Es ist wichtig einzusehen, dass die Grüne Linie durch das Herz Jerusalems verläuft – und somit die Altstadt und die umliegenden Viertel vom Westteil der Stadt abschneidet. Außerdem nimmt die sogenannte West Bank das biblische und geschichtliche Herzstück des jüdischen Volkes ein. Die Grüne Linie als Grenze anzuerkennen, würde bedeuten, das jüdische Volk von Städten und Orten abzuschneiden, mit denen es eine enge und innige Verbindung über Jahrtausende hinweg hatte – abgesehen von 19 Jahren jordanischer Besatzung zwischen 1948 und 1967, als alle Juden vertrieben und heilige jüdische Stätten zerstört wurden.

Diese UN-Beschlüsse erheben den Anspruch, dass israelische Siedlungen außerhalb der Grünen Linie „illegal" seien und dass ein arabischer Staat aufgrund von internationalem Recht „erforderlich" sei. Es steht überhaupt nicht fest, dass dies der Fall ist. Es ist in der Tat äußerst strittig, dass internationales Recht die Gründung eines palästinensischen Staates erfordert. Der Status der Gebiete außerhalb der Grünen Linie wird angefochten und die Legalität der Siedlungen ist ein Streitpunkt. Internationales Recht setzt definitiv nicht die Durchsetzung der Grenzlinie von vor 1967 als gültige Grenze voraus.

Vergäße ich Dein, Jerusalem

von Willem Glashouwer

Im Matthäusevangelium erfahren wir, dass die Menge, die Jesus bei seinem Einzug nach Jerusalem auf einem Esel (einem Tier des Friedens) und nicht auf einem Pferd (das damals als Tier des Krieges galt) begleitete, rief: *„Hosianna dem Sohn Davids. Gesegnet sei, der da kommt im Namen des Herrn; Hosianna in der Höhe!"* (Matthäus 21, 9). Im Lukasevangelium lautet der Zuruf: *„Gesegnet sei der König, der da kommt im Namen des Herrn!"* (Lukas 19, 38). Und bei Johannes 12, 13 heißt es: *„Gesegnet sei der König Israels!"* Lukas berichtet auch: *„Und als er nahe hinzukam, sah er die Stadt und weinte über sie und sprach: Wenn doch auch du erkenntest zu dieser Zeit, was zum Frieden dient! Aber nun ist's vor deinen Augen verborgen."* (Lukas 19, 41–42). Und wenn etwas vor den eigenen Augen verborgen ist, dann kann man es einfach nicht sehen.

Jesus blickt noch viel weiter als nur auf die jubelnde Menge vor ihm: *„Denn es wird eine Zeit über dich kommen, da werden deine Feinde um dich einen Wall aufwerfen, dich belagern und von allen Seiten bedrängen und werden dich dem Erdboden gleichmachen samt deinen Kindern in dir und keinen Stein auf dem andern lassen in dir, weil du die Zeit nicht erkannt hast, in der du heimgesucht worden bist."* (Lukas 19, 43–44).

Jesus weiß, dass sein Einzug nach Jerusalem gleichzeitig der Weg ans Kreuz ist und nicht der Weg zum Thron seines Vorvaters David. Er weiß, dass er freiwillig sein Leben lassen wird (Johannes 10, 17–18), so dass er als der wahre Friedefürst den wahren Frieden zwischen Gott und den Menschen herstellen wird, indem er das Hindernis der Sünde entfernt. Er weiß, dass dies zuerst geschehen muss, bevor er sein Königreich herbeiführen kann. Er weiß aber auch, dass eines Tages in der Zukunft die Menge in Jerusalem wieder rufen wird: *„Gesegnet sei ER, der da kommt im Namen des Herrn.“*

Vor seinem geistigen Auge sieht er zunächst das Kreuz, dann die Auferstehung und Himmelfahrt, dann den schrecklichen Fall der Stadt Jerusalem und dann die Zerstörung des Tempels im Jahre 70 n. d. Z. durch die römischen Legionen, gefolgt von beinahe 2000 Jahren, in denen die große Mehrheit der Juden über die ganze Welt verstreut ist, und dann … wieder die Stadt Jerusalem, wieder einen jüdischen Staat und wieder einen triumphalen Einzug, wenn wieder die Rufe ertönen werden: *„Gesegnet sei, der da kommt im Namen des Herrn!“*

Er sagte: *„Ihr werdet mich nicht mehr sehen, bis …“* Er sagte jedoch NICHT: *„Von jetzt an werdet ihr mich nie wieder sehen.“* Daher wird Israel ihn nicht mehr sehen, BIS sie ihn als den großen Sohn Davids willkommen heißen, der den Thron seines Vorvaters David in Jerusalem besteigen wird: *„… bis ihr* [wieder] *sagen werdet ‚Gesegnet sei, der da kommt im Namen des Herrn!‘“* (Matthäus 23, 39). Eines Tages wird er wieder in Jerusalem einziehen und inmitten des Volkes Jakob-Israel regieren, so wie der Engel Gabriel es seiner Mutter Maria verkündet hatte (Lukas 1, 31–33).

Dies ist keine geistliche, himmlische Herrschaft. Nach seiner Himmelfahrt ging er nicht zu David und sagte: „Mit allem gebührenden Respekt, Vater David, ich sollte nun hier im Himmel auf deinem Thron sitzen, um auf deinem Thron über Jakob zu regieren, also mach bitte Platz." Seit seiner Himmelfahrt hat er alle Macht und Autorität im Himmel und auf Erden und er sitzt bei seinem Vater, dem ewigen Gott, auf seinem Thron (Matthäus 28, 18–20; Offenbarung 3, 21; 4, 2–3; 5, 6–7). Lediglich nach seiner Rückkehr wird er jedoch auf dem Thron seines Vorvaters David in Jerusalem sitzen (Psalm 89, 27–30; 36–38; 2. Samuel 7, 12–16).

Es wird eine kurze Zeit der Finsternis auf der ganzen Erde herrschen, und danach wird diese herrliche Zeit anbrechen. Derzeit wird der Schauplatz bereits im Nahen Osten vorbereitet mit einem wiederhergestellten Jerusalem in einem wiederhergestellten Israel und einem wiederhergestellten jüdischen Volk, umgeben von einem neuen „römischen" Reich und all den alttestamentlichen Feinden, die unter neuen Volksbezeichnungen in den arabischen Staaten leben.

Das Wunder der nationalen Wiedergeburt dieser Feinde ist genauso groß wie das des Staates Israel. Jesus sagte: *„Seht euch den Feigenbaum und ALLE Bäume an."* (Lukas 21, 29). Der gesamte Baumbestand befindet sich wieder dort in der Gestalt Israels und der umgebenden feindlichen Nationen. Wir erwarten das Erscheinen des Hauptdarstellers auf der Weltbühne, der diese schreckliche Phase der Weltgeschichte zu einem Happy End, einem glücklichen Ende führen wird: glücklich für Israel, denn er kommt, um Frieden zu bringen, und auch für die Nationen. Auch sie werden Frieden finden.

Schließlich wird Frieden ausgehen von Jerusalem, so wie es in Jesaja 2, 2–4 prophezeit wird: *„Es wird zur letzten Zeit der Berg, da des HERRN Haus ist, fest stehen, höher als alle Berge und über alle Hügel erhaben, und alle Heiden werden herzulaufen, und viele Völker werden hingehen und sagen: Kommt, lasst uns auf den Berg des HERRN gehen, zum Hause des Gottes Jakobs, dass er uns lehre seine Wege und* *wir wandeln auf seinen Steigen! Denn von Zion wird Weisung ausgehen und des HERRN Wort von Jerusalem. Und er wird richten unter den Heiden und zurechtweisen viele Völker. Da werden sie ihre Schwerter zu Pflugscharen und ihre Spieße zu Sicheln machen. Denn es wird kein Volk wider das andere das Schwert erheben, und sie werden hinfort nicht mehr lernen, Krieg zu führen. "*

Ist es nicht bemerkenswert, dass Jesus aus Bethanien vom Ölberg in die Stadt kommt (Matthäus 21, 1) und dass Sacharja ihn zum Ölberg zurückkehren und von dort in die Stadt kommen sieht (Sacharja 14, 3)? Auch Hesekiel sah Gottes Herrlichkeit zum (dritten oder vierten) Tempel vom Osten her kommend zurückkehren. Die Herrlichkeit der Gegenwart Gottes (auf Hebräisch „Schechinah") hatte den Tempel Richtung Osten, wo der Ölberg liegt, verlassen und als eine leere Hülle zurückgelassen. Danach konnten die Babylonier einfallen und die Stadt sowie den Tempel zerstören (Hesekiel 10, 18–19; 11, 22–23). Aber eines Tages wird die Herrlichkeit der Schechinah wieder aus dem Osten, vom Ölberg her, zurückkehren (Hesekiel 43, 1–7).

Die Zeiten der Nichtjuden

Wir nähern uns einem großartigen Moment. Die Zeiten der Nichtjuden nähern sich dem Ende. Manche behaupten, die Zeiten der Nichtjuden wären bereits zu Ende. Sie sagen: „Seht euch die Wiedergeburt des jüdischen Staates im Jahre 1948 an." Trotz aller Schwierigkeiten konnte Israel den 50. Jahrestag der Staatsgründung feiern, das war im Jahre 1998, dem ersten Jubeljahr (3. Mose 25, 27) seit der Staatsgründung des Staates Israel, obwohl das tatsächliche religiöse Jubeljahr erst ein paar Jahre später stattfand. Manche sagen: „Die Zeiten der Nichtjuden endeten mit Sicherheit im Jahre 1967, als die Stadt Jerusalem wieder vereint wurde und zur ungeteilten Hauptstadt des Staates Israel wurde."

In jenem Jahr befreite Israel Ostjerusalem von der jordanischen Besatzung, die ein Teil der Stadt seit der Ausrufung des jüdischen Staates im Jahr 1948 erlitten hatte. Während dieser 19 Jahre wurden zahllose Synagogen in Ostjerusalem zerstört oder zu öffentlichen Latrinen umfunktioniert. Aber diese 19 Jahre, die nur einen Wimpernschlag in Jerusalems dreitausendjähriger Geschichte darstellen, waren die einzige Zeit, in der die Stadt jemals geteilt war, wodurch ein palästinensischer Anspruch auf einen Teil der Stadt historisch keinerlei Gültigkeit besitzt. Damals erklärte Israel Jerusalem zur ungeteilten Hauptstadt des unabhängigen Staates Israel. Alle, die argumentieren, dass die Zeiten der Nichtjuden 1967 endeten, weisen auf dieses Ereignis hin. Sie sagen: „Seht selbst, Jerusalem ist nicht mehr länger unter der Herrschaft von Nichtjuden."

Aber ist das wirklich der Fall? Regieren tatsächlich keine Nichtjuden in Jerusalem? Wie sieht es mit der Tatsache aus, dass Europa und die UNO Israel vorschreiben, wie es mit seinem eigenen Land und seiner eigenen Stadt Jerusalem zu verfahren hat? Die arabische Welt beherrscht den heiligsten Ort in Jerusalem, den Tempelberg. Der Vatikan gab seine Vorstellung nie auf, aus Jerusalem eine Stadt „der drei monotheistischen Weltreligionen zu machen: Judentum, Christentum und Islam", aber sicherlich nicht die Hauptstadt des unabhängigen jüdischen Staates Israel. Die Palästinenser erheben Anspruch auf die Stadt – oder zumindest auf einen Teil davon – als Hauptstadt eines neuen arabischen, muslimischen Staates, den sie Palästina nennen. Und die UNO beansprucht das Recht, den endgültigen Status von Jerusalem festzulegen. Somit treten die Nationen die Stadt Jerusalem immer noch mit Füßen.

Und das Herz der Stadt Jerusalem, der Berg Zion oder auch Berg Moriah, ist immer noch ein von Nichtjuden besetztes Gebiet. Die arabischen Muslime haben die Herrschaft.

Auch die Heilige Schrift gibt anscheinend andere Hinweise, denn es heißt, dass die Zeiten der Nichtjuden erst mit der Rückkehr des Messias zu Ende gehen werden, der Rückkehr von Christus, dem Friedefürsten. Wir dürfen nicht die Tatsache aus den Augen verlieren, dass die heiligste Stätte in Jerusalem im Herzen der Stadt immer noch für die Juden verschlossen ist. Der Tempelberg wird von der islamischen Welt beherrscht. Er ist immer noch *„für Juden verboten"*.

Weltmächte

Wann haben die „Zeiten der Nichtjuden" begonnen? Einige behaupten, es war bei der Zerstörung von Salomos Tempel durch die Babylonier im Jahr 586 v. d. Z. Seit damals war Israel nie mehr vollkommen unabhängig. Es wurde von einem Königreich nach dem anderen eingenommen. Es gab natürlich noch den kleineren, zweiten Tempel, der in Jerusalem errichtet wurde, als ein Überrest der Juden aus der babylonischen Gefangenschaft zurückkehrte, aber Israel blieb Teil einer Provinz eines viel größeren Reiches. Manchmal erfreute es sich einer begrenzten Autonomie, und manchmal war es sogar ein Stück weit unabhängig, aber es war nie mehr so mächtig und unabhängig wie zu den Zeiten Davids und Salomos.

Daniel, der Prophet am Hofe des babylonischen Königs Nebukadnezar, wurde vom Herrn befähigt, dem König zu sagen, was er geträumt hatte, und die Träume des Königs für ihn zu deuten. Der König hatte von einer Statue geträumt mit einem Kopf aus Gold, Brust und Armen aus Silber, Leib und Oberschenkeln aus Bronze, Beinen aus Eisen und Füßen, die teils aus Eisen und teils aus einer Mischung von Eisen und Lehm bestanden. Er sah, wie ein Felsbrocken auf die Statue zurollte und sie zerschlug, woraufhin sie zu Staub zerfiel. Der Felsbrocken wurde aber zu einem großen Berg, der die gesamte Erde ausfüllte (Daniel 2).

Daniel erklärte, dass die verschiedenen Teile der Statue vier oder fünf aufeinander folgende Königreiche darstellten (wobei das letzte Königreich gewissermaßen eine Erweiterung oder Fortführung des vierten Reiches ist). Der goldene Kopf wird als das babylonische Königreich betrachtet; die silberne Brust und Arme als das Reich der Meder und Perser; und der Leib und die Oberschenkel aus Bronze stellen das griechische Reich unter Alexander dem Großen dar. Die eisernen Beine stehen für das römische Reich, welches in ein Ost- und ein Westreich unterteilt wurde, die Füße aus Eisen und Lehm. Das fünfte und letzte Königreich scheint ein wiederauferstandenes römisches Reich von weltweitem Maßstab zu sein. In aufeinander folgenden Visionen wurden Daniel mehr und mehr Einzelheiten offenbart. Babylon, der goldene Kopf, wird von einem Löwen mit Flügeln dargestellt. Die Meder und Perser (die silberne Brust und Arme) werden durch einen Bären mit drei Rippen im Maul symbolisiert (was möglicherweise für Syrien, Babylon und Ägypten steht, die davon „verschlungen" wurden). Das griechisch-mazedonische Reich (der bronzene Leib) wird als Leopard mit vier Flügeln und vier Köpfen dargestellt – Ägypten, Syrien, Mazedonien und Kleinasien –, regiert von vier seiner Generäle. Das vierte Königreich, das römische Reich (die eisernen Beine und Füße) wird dargestellt als ein monströses Ungeheuer mit zehn Hörnern, aus denen ein kleines Horn hervorgeht, das die ganze Erde einnehmen wird (Daniel 7).

Das Kommen des Menschensohns bedeutet das Ende dieses allerletzten menschlichen Königreiches und die Errichtung des ewigen Königreiches des Menschensohns. Denn sein Kommen wird die gesamte Statue zerstören, alle Reiche „gleichzeitig" zusammen, die offenbar im allerletzten Reich präsent sind (Daniel 2, 35). Es scheint also, dass in der Endzeit die ganze Statue, also alle Reiche, für die sie steht, wiederbelebt und auf die eine oder andere Weise im Weltgeschehen präsent sein wird (Daniel 8, 1–7). Die Ungeheuer, die Daniel sah, erscheinen im Buch der Offenbarung in der Gestalt eines letztendlichen Ungeheuers wieder (Offenbarung 13).

Zwischen dem Zerfall des römischen Reiches und dem Beginn dieses letzten Königreiches gab es zahlreiche Eroberer des verheißenen Landes, einschließlich der Byzantiner, Perser, Araber, Kreuzritter, Mameluken, Türken, Franzosen und Briten. Viele nichtjüdische Völker haben Jerusalem und das Heilige Land mit Füßen getreten, darunter auch Araber und Palästinenser. Derzeit entwickelt sich die Europäische Union gewissermaßen zu einem wiederbelebten römischen Reich (obwohl es dieses Mal Teil einer Welt ist, in der es mehr und größere Machtblöcke gibt als zu der Zeit, als die Bibel verfasst wurde). Der Kommunismus in Russland ist zusammengebrochen (was es den Juden dort ermöglichte, nach Hause zurückzukehren – Jeremia 16, 14–15), und die Landkarte Europas sieht immer mehr so aus wie zu den Zeiten der Römer. Die Vereinten Nationen, eine Art Weltparlament – das zwar manchmal eher machtlos wirkt – gewinnt immer mehr Einfluss, und die Blauhelme tauchen immer öfter irgendwo auf der Welt auf. Die wirtschaftlichen Entwicklungen, die Energie- und Umweltkrisen, die Finanzkrisen und die weltweit auftretenden Konflikte verlangen immer mehr nach einer globalen Reaktion. Kommunikationssysteme haben die Welt zu einem global village („globalen Dorf"; Fachbegriff aus der Medientheorie[1]) gemacht. Das Anbrechen des letzten Weltreiches nähert sich rasend schnell. Der Weltfrieden scheint in greifbarer Nähe zu sein, was durch Computer und Satellitensysteme, Fernmeldekommunikation und Massenmedien sowie multinationale Finanzinstitute und Investitionen ermöglicht wird. Das global village wird zur Realität. Aber wir sollten vorsichtig sein und nicht rufen „Frieden, Frieden", wo kein Frieden herrscht, und weiterhin wachsam sein!

---

1) Anmerkung der Übersetzerin

Jerusalem und der ewige Bund

Hesekiel 16, 59–60 + 62: *„Denn so spricht Gott der HERR: Ich will dir tun, wie du getan hast, als du den Eid verachtet und den Bund gebrochen hast. Ich will aber gedenken an meinen Bund, den ich mit dir geschlossen habe zur Zeit deiner Jugend, und will mit dir einen ewigen Bund aufrichten. … Und ich will meinen Bund mit dir aufrichten, sodass du erfahren sollst, dass ich der HERR bin, … "*

Am Anfang dieses Kapitels im Buch Hesekiel wendet sich der Herr an Jerusalem, aber er spricht nicht nur zu Ziegelsteinen, Mörtel und Jerusalem-Stein. Er spricht zu ganz „Zion" – der Stadt, dem Land und dem Volk, der göttlich angeordneten Einheit. Dieser „Ehebund" mit Jerusalem umfasst die meisten der anderen Bündnisse, den Abrahambund, den Bund des Gesetzes, den Bund des Landes, den Davidsbund und letzten Endes auch den Neuen Bund.

Jesaja 4, 2–5: *„Zu der Zeit wird, was der HERR sprießen lässt, lieb und wert sein und die Frucht des Landes herrlich und schön bei denen, die erhalten bleiben in Israel. Und wer da wird übrig sein in Zion und übrig bleiben in Jerusalem, der wird heilig heißen, ein jeder, der aufgeschrieben ist zum Leben in Jerusalem. Wenn der Herr den Unflat der Töchter Zions abwaschen wird und die Blutschuld Jerusalems wegnehmen durch den Geist, der richten und ein Feuer anzünden wird, dann wird der HERR über der ganzen Stätte des Berges Zion und über ihren Versammlungen eine Wolke schaffen am Tage und Rauch und Feuerglanz in der Nacht. Ja, es wird ein Schutz sein über allem, was herrlich ist, … ".*

Die Herrlichkeit der Schechinah weilte im Tempel, der von König Salomo erbaut wurde (2. Chronik 7, 1–2); Hesekiel sah die Herrlichkeit der Schechinah des Herrn kurz vor der Zerstörung durch die Babylonier aus dem Tempel entschwinden (Hesekiel 10, 3–5; 11, 22–23), und sie wird wieder in den Tempel zurückkehren, wenn die bleibende Wiederkehr der Gegenwart des HERRN, des Gottes Israels, stattfindet, um bei seinem Bundesvolk von Alters her zu wohnen (Hesekiel 43,1–2; 4–7a). Das Buch der Offenbarung beschreibt, dass die weltliche Herrschaft des Messias in Jerusalem tausend Jahre dauern wird. Diese einzige Bibelstelle (Offenbarung 20, 4–5), in der eine zeitliche Begrenzung für das messianische Zeitalter auf Erden gesetzt wird, scheint den meisten biblischen Prophezeiungen über das messianische Königreich zu widersprechen, welche ausdrücklich besagen, dass es ein ewiges Königreich sein wird. Aber so wird es sein. Lediglich der Schauplatz des messianischen Königreiches wird von einer Stelle zur anderen verlagert.

Der Jerusalembund geht so weit, dass die irdische Stadt mit der himmlischen Stadt verbunden wird (Jesaja 65, 17–19; Offenbarung 21). Jesaja berichtet hier, dass es im neuen Jerusalem keine Erinnerung mehr geben wird an alle schrecklichen Ereignisse, die um das frühere Jerusalem herum in der Welt, in der es existierte, stattfanden oder damit zu tun hatten. Der neue Himmel und die neue Erde werden zum Schauplatz des ewigen messianischen Königreiches. So wie der Abrahambund das Land Israel und das irdische Jerusalem als Erbteil für alle Juden zu allen Zeiten verspricht, egal ob sie im Land oder in der Diaspora leben, so verspricht das Neue Testament das himmlische Jerusalem als ewiges Erbe für all jene, deren Namen im Buch des Lebens des Lammes stehen (Hebräer 12, 22–24 und 13, 14). Das bedeutet: alle, die teilhaben am Neuen Bund, egal ob Juden oder Nichtjuden.

So wie Israel sich einem Frieden nähert, dessen Zentrum das irdische Jerusalem ist, so nähert sich die Kirche einem Frieden im himmlischen Jerusalem (Hebräer 12, 22–24). Aber eines Tages wird dieses himmlische Jerusalem auf die Erde kommen, wenn ein neuer Himmel und eine neue Erde gebildet werden, wo Gerechtigkeit wohnt (2. Petrus 3, 13; Offenbarung 21–22, 5). Man kann lediglich spekulieren über den Zusammenhang zwischen den beiden Jerusalems im messianischen Friedensreich (Offenbarung 20, 1–10; Sacharja 14, 8–21).

Einer Sache können wir uns aber sicher sein, nämlich dass Gott letztendlich alles und in allem sein wird (1. Korinther 15, 28). Maranatha! Komm Herr Jesus! (Offenbarung 22, 20; 1. Korinther 16, 22).

Ganz Israel wird errettet werden (Römer 11, 26), Weisung wird ausgehen aus Jerusalem (Jesaja 2, 2–4; Sacharja 12, 10–14) und die Nationen werden nicht mehr lernen, Krieg zu führen (Micha 4, 1–3). Die Macht Allahs und des Islams wird gebrochen, denn Gott liebt die Araber und die Palästinenser. Jesus möchte auch sie frei machen. Die Bibel sagt, dass eine Straße gebaut werden wird von Ägypten nach Assur (dem heutigen Irak) und dass die Assyrer nach Ägypten gehen werden und die Ägypter nach Assur, und beide werden zusammen Gott anbeten. Sie werden nicht Allah anbeten, sondern JHWH, den Gott Abrahams, Isaaks und Jakobs, den Vater unseres Herrn Jesus Christus. Zu der Zeit wird Israel der Dritte sein mit den Ägyptern und Assyrern, ein Segen mitten auf Erden; und der Herr der Heerscharen wird sprechen: *„Gesegnet bist du, Ägypten, mein Volk, und du, Assur, meiner Hände Werk, und du, Israel, mein Erbe!"* (Jesaja 19, 19–25). Ismael, Abrahams anderer Sohn neben Isaak, der Stammvater der Araber, hat große Versprechen von Gott erhalten (1. Mose 21, 18; 17, 20–22). Die Zeit der Finsternis, die über die gesamte Welt kommt, einschließlich Israel und aller, die an Jesus Christus glauben, wird mit der Herrlichkeit des Königreiches enden, wenn alle durch Gottes Gericht gegangen sind. Das „bis" steht als Garantie für das neue Zeitalter für alle, einschließlich Israel und Jerusalem.

Sind wir uns dessen bewusst, dass wir uns diesem Punkt nähern? Vielleicht wären unsere Zelthaken nicht so fest in dieser

Welt verankert, wenn wir uns vor Augen halten würden, dass wir als Gläubige die geistlichen Erben Abrahams auf dem Weg in das verheißene Land sind, zu seinem ewigen Königreich.

Rev. Willem J. J. Glashouwer
Präsident von Christians for Israel International
Ehrenvorsitzender der European Coalition for Israel

Alijah – die Heimkehr des jüdischen Volkes nach Israel

von Philip Holmberg

Der Allmächtige bildet ein Volk …

Wenn bei Gott über die Anfänge des jüdischen Volkes die Rede ist, werden Formulierungen verwendet wie machen, erschaffen und erwählen: *„Ist er nicht dein Vater und dein Herr? Ist's nicht er allein, der dich gemacht und bereitet hat?"* (5. Mose 32, 6) Lange bevor Israel zu einem Volk wurde, rief der Herr einen einzigen Mann, Abraham, und seine Frau aus seinem Land heraus, weg von seinen Verwandten und seinem Vaterhaus und versprach, ihn zu einer großen Nation zu machen. Und auch als sie schon zu alt waren, um noch ein eigenes Kind zu haben, schenkte Gott ihnen auf wundersame Weise Isaak!

Später dann waren auch Isaak selbst und seine Frau Rebekka nicht in der Lage, eigene Kinder zu bekommen. Isaak betete zum Herrn für seine Frau, der Herr heilte sie und schenkte ihr Zwillinge! Danach erwählte Gott in seiner Allmacht Jakob, den Jüngeren, vor Esau, dem Erstgeborenen, um das Versprechen und den Bund Abrahams zu erhalten und viele Nachkommen zu haben. Noch später gebrauchte der Herr die wundersamen Ereignisse in Josefs Leben, um Jakobs gesamte Familie zu retten und zu bewahren, indem er sie aus der Hungersnot in das fruchtbare Land Goschen in Ägypten brachte.

Dort *„wuchsen die Nachkommen Israels und zeugten Kinder und mehrten sich und wurden überaus stark, sodass von ihnen das Land voll ward."* (2. Mose 1, 7) Letztendlich wurden sie unterdrückt und zu Sklaven gemacht, sie klagten und schrien zu Gott. *„Und Gott erhörte ihr Wehklagen und gedachte seines Bundes mit Abraham, Isaak und Jakob."* (2. Mose 2, 24) Als Antwort auf ihre Gebete sandte Gott einen Erretter, Moses, um sie aus Ägypten heraus in die Wüste zu führen.

Dort in der Wüste, auf dem Berg, wurden sie zu einem Volk als der Allmächtige sich ihnen selbst enthüllt als ihr Gott, ihr Schöpfer und ihr Vater, der sagt: *„… das Volk, das ich mir bereitet habe, soll meinen Ruhm verkündigen."* (Jesaja 43, 21) und *„Israel ist mein erstgeborener Sohn."* (2. Mose 4, 22) und *„Ihr sollt mir ein Königreich von Priestern und ein heiliges Volk sein."* (2. Mose 19, 6) Demnach ist das jüdische Volk Gottes Eigentum!

… und schenkt ihm ein Land

Noch bevor Gott Abraham das Versprechen gab, ihn zu einer großen Nation zu machen und einen Bund mit ihm errichtete, gab er ihm einen Befehl: *„Geh aus deinem Vaterland … in ein Land, das ich dir zeigen will."* (1. Mose 12, 1) Natürlich braucht eine Nation auch ein Land, und wir können verstehen, dass der Herr Abraham das Land zeigen wollte, das seine Nachkommen bevölkern sollten. Tatsächlich sagte der Herr zu Abraham: *„Darum mach dich auf und durchzieh das Land in die Länge und Breite, denn dir will ich's geben."* (1. Mose 13, 17) Noch davor sagte der Herr ausdrücklich, dass ER das Land Abraham und seinen Nachkommen für immer geben würde (1. Mose 13, 15)!

Dieses Versprechen wurde Isaak gegenüber erneuert, als Gott ihm sagte: „*... dir und deinen Nachkommen will ich alle diese Länder geben ...*" (1. Mose 26, 3) Wiederum wurde es gegenüber Jakob ebenfalls erneuert, als er vor seinem Bruder Esau auf der Flucht war: „*... das Land, darauf du liegst, will ich dir und deinen Nachkommen geben.*" (1. Mose 28, 13) In dem Moment, als das Volk Israel dabei war, das verheißene Land zu betreten, erinnert der Herr sie daran, dass ER seine Versprechen und Schwüre einhält, die ER den Stammvätern gegeben hatte: „*Wenn dich nun der HERR, dein Gott, in das Land bringen wird, von dem er deinen Vätern Abraham, Isaak und Jakob geschworen hat, es dir zu geben ...*" (5. Mose 6, 10)

In den Worten des Psalmisten heißt es: „*Er ist der HERR, unser Gott, er richtet in aller Welt. Er gedenkt ewiglich an seinen Bund, an das Wort, das er verheißen hat für tausend Geschlechter, an den Bund, den er geschlossen hat mit Abraham, und an den Eid, den er Isaak geschworen hat. Er stellte ihn auf für Jakob als Satzung und für Israel als ewigen Bund und sprach: ,Dir will ich das Land Kanaan geben, das Los eures Erbteils.*'" (Psalm 105, 7-11)

Die Verbindung des Volkes zum Land

Aus der Schrift geht eindeutig hervor, dass es unmöglich ist, Gottes Versprechen, Abraham und seine Nachkommen zu segnen und sie zu seinem Bundesvolk zu machen, dem ER das Land für immer geben würde, zu trennen; das Land ist ein wesentlicher Bestandteil des Bundes, den Gott mit den Stammvätern und dem Volk Israel einging. Der ewige Bund Gottes mit dem jüdischen Volk beinhaltet die Schenkung des Landes an die Nachkommen von Abraham als unabdingbaren Bestandteil!

Es kann tatsächlich sein, dass der Herr, der Ewige, Israel schon bevor die Nationen existierten als Maßstab nahm, als er die Grenzen der Nationen bestimmte. Dies könnte bedeuten, dass im gleichen Maße wie das Volk Israel der erstgeborene Sohn Gottes ist, so auch das Land Israel das erste Erbe von allen Ländern der Völker ist. *„Als der Höchste den Völkern Land zuteilte und der Menschen Kinder voneinander schied, da setzte er die Grenzen der Völker nach der Zahl der Söhne Israels. Denn des HERRN Teil ist sein Volk, Jakob ist sein Erbe."* (5. Mose 32, 8–9) Paulus sagte zu den Athenern: *„Und er hat aus einem Menschen das ganze Menschengeschlecht gemacht, damit sie auf dem ganzen Erdboden wohnen, und er hat festgesetzt, wie lange sie bestehen und in welchen Grenzen sie wohnen sollen."* (Apostelgeschichte 17, 26)

Der Herr hat es erwählt, der *„Gott Abrahams, der Gott Isaaks und der Gott Jakobs"* genannt zu werden, und sagt, dass dies auch für immer so bleiben wird (2. Mose 3, 15). ER gewährleistet sein Versprechen auf das Land auf die stärkste Art und Weise: ER, der „Gott Israels, der Heilige Israels", gibt eine Garantie, dass das Land SEINEM auserwählten Volk gehören soll! Und so wie das Volk dem Herrn gehört, so gehört letztendlich das Land ebenfalls IHM!

Segnungen und Verfluchungen

Wenn man sich 5. Mose, Kapitel 28 ansieht, wird klar, dass sich all die aufgelisteten Segnungen und Verfluchungen auf eine Nation beziehen, auf ein Volk, das in seinem eigenen Land lebt. Schon in Vers 1 erfährt man, was aus Gehorsam wird: *„. . . so wird dich der HERR, dein Gott, zum höchsten über alle Völker auf Erden machen."* In Vers 8 heißt es weiterhin: *„. . . und wird dich segnen in dem Land, das dir der HERR, dein Gott, gegeben hat."* Und in Vers 9 steigert sich das Ganze zum Höhepunkt: *„Der HERR wird dich zum heiligen Volk für sich erheben."*

Die Berufung und Bestimmung des jüdischen Volkes und der Nation Israel ist es, der Priester unter den Nationen zu sein, welcher die Nationen der Erde vor Gott vertritt und Gott vor den Nationen. Das Ergebnis wird in Vers 10 genannt: *„Und alle Völker auf Erden werden sehen, dass über dir der Name des HERRN genannt ist, und werden sich vor dir fürchten."*

Gleichermaßen ist die Konsequenz von Ungehorsam eine lange Liste von Unglück und Verfluchungen: Dürre, Armut, Angst, Krankheit, Unterdrückung, immer in dem Land. Dann folgt der Höhepunkt in Vers 64: *„Denn der HERR wird dich zerstreuen unter alle Völker von einem Ende der Erde bis ans andere."* Der letzte Fluch besteht darin, aus dem Land ausgerottet zu werden!

In die Gefangenschaft ...

Bevor der Herr zuließ, dass sein Volk in die Gefangenschaft nach Assyrien und Babylon geführt wurde, hat er es immer wieder durch seine Propheten warnen lassen. So viele Schriftstellen geben Zeugnis von Gottes Ruf an die Könige, die Leiter und das Volk, sich wieder IHM zuzuwenden, um Vergebung zu beten und bewahrt zu werden. Aber die Anbetung der Götter der umliegenden Völker und Ungerechtigkeit im Land setzten sich fort. Schon als ER Israel aus Ägypten herausführte, ließ der Herr dem Pharao durch Mose sagen: *„Ich werde einen Unterschied zwischen meinem und deinem Volk machen ..."* (2. Mose 8, 23) – von nun an gab es keinen Unterschied mehr zwischen Israel und den Nationen.

In Gottes Augen war sogar das Land beschmutzt: *„Und ich brachte euch in ein fruchtbares Land, dass ihr äßet seine Früchte und Güter. Aber als ihr hineinkamt, machtet ihr mein Land unrein und mein Eigentum mir zum Gräuel."* (Jeremia 2, 7) Und was am schlimmsten war, auch der Name Gottes war beschmutzt worden: *„... und haben so* *meinen heiligen Namen entweiht durch die Gräuel, die sie taten."* (Hesekiel 43, 8)!

... nach Assyrien und Babylon

Gott nutzte die Großmacht Assyrien, um das nördliche Königreich Israels zu schlagen und in Gefangenschaft wegzuführen. Einige Zeit danach eroberten die Babylonier Assyrien. Dann schlugen die Babylonier das südliche Königreich Juda, zerstörten den ersten Tempel und führten einen großen Teil des Volkes in Gefangenschaft nach Babylon. Der Prophet Jeremia beschreibt dies: *„Israel war eine zerstreute Herde, die die Löwen verscheucht haben. Zuerst fraß sie der König von Assyrien, danach nagte ihre Knochen ab Nebukadnezar, der König von Babel."* (Jeremia 50, 17)

Aber derselbe Prophet, Jeremia, erhielt auch ein Wort vom Herrn und prophezeite, dass der Herr nach 70 Jahren Erbarmen mit seinem Volk haben würde. Daniel, einer der Gefangenen, las diese Prophezeiung im Buch Jeremia. Dies bewegte ihn dazu, sich dem Herrn zuzuwenden, sich selbst durch Fasten vor dem Herrn zu demütigen, zu beten und den Herrn um die Vergebung seiner Sünden, die Sünden seiner Vorfahren und die der Leiter des Volkes zu bitten. Er betete für die Wiederherstellung des Volkes und Jerusalems um des heiligen Namens Gottes willen (Daniel 9)!

Die Bedeutung der „Alijah"

Das hebräische Wort Alijah bedeutet hinaufgehen oder aufsteigen. Es wird verwendet im Zusammenhang mit dem jüdischen Volk, das drei Mal im Jahr nach Jerusalem hinaufzieht zu den biblischen Festen Pessach, Schavuot und Sukkot. Es wird auch verwendet im Zusammenhang mit der Einwanderung der Juden aus der Diaspora nach Israel, ihrer Rückkehr nach Zion.

Die Rückkehr der Juden zum Land ihrer Vorväter ist ein zentrales Thema des Zionismus. Wie Theodor Herzl schon sagte: „Es versteht sich von selbst, dass das jüdische Volk kein anderes Ziel haben kann als Palästina und dass, wie auch immer das Vorhaben ausgeht, unsere Gesinnung gegenüber dem Land unserer Vorväter unverändert ist und bleibt." Er sagte außerdem: „Wenn jemand der Ansicht ist, dass sich Juden in das Land ihrer Vorväter hineinstehlen, betrügt er entweder sich selbst oder andere. Nirgendwo ist das Ankommen der Juden so eindeutig erwähnt wie in der historischen Heimat der Juden, eben aus diesem Grund, dass es ihr historisches Heimatland ist." Und: „Der Zionismus fordert ein öffentlich anerkanntes und rechtlich abgesichertes Heimatland für das jüdische Volk in Palästina. Dieser Standpunkt ist unverhandelbar."

Allerdings haben natürlich weder Herzl noch der Zionismus das Konzept der Alijah erfunden. Schon während des Mittelalters beinhaltete die Zeremonie beim Pessach-Sederabend die Worte: „Nächstes Jahr in Jerusalem," welche die Sehnsucht des jüdischen Volkes ausdrückte, in das verheißene Land zurückzukehren, die Sehnsucht eines Volkes, das in der ganzen Welt verstreut ist und zu einer wiederhergestellten Nation im eigenen Land werden soll. Und die Juden im Mittelalter wurden angeregt von der Bibel, denn Gott hatte versprochen, dass er *„sich über Zion erbarmen würde"* (Psalm 102, 13). Durch den Propheten Jeremia versprach ER: *„Der Israel zerstreut hat, der wird's auch wieder sammeln."* (Jeremia 31, 10)

Ich denke, es ist kein Zufall, dass der letzte Vers im letzten Kapitel des letzten Buches der hebräischen Bibel lautet: *„So spricht Kyrus, der König von Persien: Der HERR, der Gott des Himmels, hat mir alle Königreiche der Erde gegeben und hat mir befohlen, ihm ein Haus zu bauen zu Jerusalem in Juda. Wer nun unter euch von seinem Volk ist, mit dem sei der HERR, sein Gott, und er ziehe hinauf!"* (2. Chronik 36, 23)!

Es gibt immer einen Widerstand gegen die Rückkehr!

Kyrus erlaubte den Juden die Rückkehr aufgrund der Gebete von Daniel und anderen wie ihm sowie in Gehorsam zum prophetischen Wort Gottes. Ihre Rückkehr fand allerdings nicht überall Gefallen. Die Bücher Nehemia und Esra berichten über den Widerstand, auf den das jüdische Volk traf. Ihre Widersacher lachten sie aus und bedrohten sie. Nehemia beschreibt, wie die Juden darauf reagieren mussten: *„So arbeiteten wir am Bau, während die Hälfte die Spieße bereithielt."* (Nehemia 4, 15)

Jahrhunderte zuvor hatte sich Pharao dem Auszug des Volkes Israel widersetzt. Wir können daher erkennen, dass der Widerstand so aussehen kann, dass dem jüdischen Volk nicht erlaubt wird, sein Exil zu verlassen, wie es z. B. in der Sowjetunion nach 1967 der Fall war. Der Widerstand kann aber auch darin bestehen, sich der Reise, Einwanderung und Niederlassung im Land zu widersetzen, wie es seit 1930 der Fall gewesen ist. Aber der Herr hat versprochen, dass ER sein Volk beschützen und bewahren wird auf seiner Rückkehr in das Land der Vorväter!

Verstreut ...

Die Juden hatten sich freiwillig in vielen Gegenden des Römischen Reiches niedergelassen, wie wir in der Apostelgeschichte lesen können. Man kann jedoch davon ausgehen, dass die Mehrheit des jüdischen Volkes bis zu den jüdisch-römischen Kriegen (66–135 n. d. Zeitrechnung) in Palästina lebte. Während dieser Kriege wurden vermutlich bis zu 1,5 Millionen Juden getötet und hingerichtet, etwa 100 000 Juden wurden als Sklaven verkauft und viele Juden flohen ins Ausland. Kaiser Hadrian änderte den Namen Jerusalems in Aelia Capitolina, die Provinz Judäa wurde umbenannt in Syria Palästina und alle Juden wurden aus Jerusalem vertrieben.

... bis an die Enden der Erde

Wo auch immer die Juden hinkamen, erlitten sie früher oder später Verfolgung und Vertreibung. Ich habe eine Liste gefunden, welche 109 Orte erwähnt, von wo Juden seit 250 n. d. Z. bis zur Geburt der modernen Nation Israel vertrieben wurden, und ich befürchte, diese Liste stellt nur die Spitze des Eisbergs dar. Die meisten der Verfolgungen und Vertreibungen waren Gräueltaten seitens der christlichen Kirche, christlicher Nationen und einzelner Christen. Somit wurde das jüdische Volk auf der ganzen Welt zerstreut.

„Die Zeiten der Nichtjuden"

Parallel zur Zerstreuung der Juden wurde das Evangelium vom Reich Gottes verkündet, zuerst in Jerusalem, dann in Judäa und Samaria und dann bis an die Enden der Erde (Apostelgeschichte 1, 8). Dadurch wurde es den Nichtjuden möglich, in den jüdischen Ölbaum durch Gnade eingepfropft zu werden! Der an Abraham gewährte Segen konnte auch von Nichtjuden empfangen werden! Der Herr sagt: *„Mein Haus soll ein Bethaus heißen für alle Völker."* (Markus 11, 17) Während die letzten noch unerreichten Völker mit dem Evangelium erreicht werden, nähern sich die Zeiten der Nichtjuden ihrem Ende.

Die Rückkehr von den Enden der Erde

Über alle Zeitalter hinweg ist das jüdische Volk aus dem Exil nach Israel zurückgekehrt. Allerdings brachte der Herr sein Volk erst gegen Ende des 19. Jahrhunderts im ganz großen Stil zurück. Durch den Propheten Jeremia spricht der Herr: *„Siehe, ich will sie sammeln aus allen Ländern, wohin ich sie verstoßen in meinem Zorn, Grimm und großem Unmut, und will sie wieder an diesen Ort bringen, dass sie sicher wohnen sollen."* (Jeremia 32, 37)

Aus über 100 verschiedenen Ländern sind Juden wieder zurückgekehrt. Versteckte oder vergessene Stämme wie die äthiopischen Juden und die Bnei Menasche in Indien sind zurückgekehrt oder kehren gerade zurück. 1948 wurde das moderne Israel geboren als die nationale Heimstatt des jüdischen Volkes. Das israelische Rückkehrgesetz besagt: „Jeder Jude hat das Recht, als Oleh [Einwanderer] in dieses Land zu kommen."

Alijah-Wellen

Laut Wikipedia unter dem Suchwort Alijah haben seit 1882 die folgenden Einwanderungswellen stattgefunden:

- Erste Alijah 1882–1903   35 000 Einwanderer
- Zweite Alijah 1904–1914   35 000 Einwanderer
- Dritte Alijah 1919–1923   40 000 Einwanderer
- Vierte Alijah 1924–1929   82 000 Einwanderer
- Fünfte Alijah 1929–1939   250 000 Einwanderer
- Alijah Bet 1933–1948   110 000 Einwanderer
- Frühe Zeit nach der
  Staatsgründung I 1948–1951   674 000 Einwanderer
- Frühe Zeit nach der
  Staatsgründung II 1952–1960   289 000 Einwanderer
- 1960er 1961–1971   443 000 Einwanderer
- 1970er 1972–1979   284 000 Einwanderer
- 1980er 1980–1989   239 000 Einwanderer
- 1990er 1990–2001   1.243 000 Einwanderer
- 2000er 2002–2010   222 000 Einwanderer
- 2010er 2011–2013   53 000 Einwanderer

Als der Staat Israel 1948 gegründet wurde, befanden sich 650.000 Juden im Land. Im Jahre 2014 beträgt die Anzahl der Juden in Israel beinahe das Zehnfache. Die bisherige Rekordzahl an Einwanderern innerhalb eines Jahres betrug 1949 250 000, aber ich glaube, dass wir in den kommenden Jahren miterleben werden, wie diese Rekordzahl gebrochen wird! Im März 2013 berichtete die Onlineausgabe der Daily Mail, dass Israel die USA als das weltweit größte Zentrum jüdischer Bevölkerung zum ersten Mal übertroffen hat.

Es ist außerdem bemerkenswert, dass die Anzahl der Juden, die gezwungen wurden, muslimische Länder zu verlassen (zu verlassen, zu fliehen oder ausgewiesen wurden), nachdem Israel zwischen 1948 und 1970 unabhängig wurde, 900 000 betrug und somit mehr als die etwa 700 000 Araber, die während Israels Unabhängigkeitskrieg flohen oder ausgewiesen wurden. Israel nahm die jüdischen Flüchtlinge auf, während die arabischen Nationen die arabischen Flüchtlinge nicht aufnahmen. Als Konsequenz daraus entstanden die Flüchtlingslager sowie die UNRWA (United Nations Relief and Works Agency for Palestine Refugees in the Near East; Hilfswerk der Vereinten Nationen für Palästina-Flüchtlinge im Nahen Osten). Laut einer aktuellen Schätzung sind etwa 30.000 der arabischen Flüchtlinge von damals noch am Leben, da aber die Definition der UNRWA auch die Nachkommen mit einschließt, beträgt die geschätzte Anzahl der palästinensischen Flüchtlinge jetzt etwa 5 000 000.

„Von ganzem Herzen und mit ganzer Seele"

Die Bibel beschreibt den Auszug aus Ägypten als ein Wunderwerk Gottes, auf das in vielen Schriftstellen Bezug genommen wird. Aber der Herr lässt durch den Propheten Jeremia ankündigen, dass er etwas noch viel Großartigeres tun wird: *„Darum siehe, es kommt die Zeit, spricht der HERR, dass man nicht mehr sagen wird: ,So wahr der HERR lebt, der die Israeliten aus Ägyptenland geführt hat', sondern: ,So wahr der HERR lebt, der die Israeliten geführt hat aus dem Lande des Nordens und aus allen Ländern, wohin er sie verstoßen hatte. '*

Denn ich will sie zurückbringen in das Land, das ich ihren Vätern gegeben habe. " (Jeremia 16,14-15)

Ich glaube, wir leben in dieser Zeit! *„Du wollest dich aufmachen und über Zion erbarmen; denn es ist Zeit, dass du ihm gnädig seist, und die Stunde ist gekommen. "* (Psalm 102,14)! Bei Jeremia verwendet der Herr die kraftvollsten Worte, die nur möglich sind, um auszudrücken, was ER tun wird: *„Es soll meine Freude sein, ihnen Gutes zu tun, und ich will sie in diesem Lande einpflanzen, ganz gewiss, von ganzem Herzen und von ganzer Seele. "* (Jeremia 32, 41)!

Als Gott die Kinder Israel aus Ägypten herausführte, verwendet die Bibel den Ausdruck: *„Eine Nacht des Wachens war dies für den HERRN, um sie aus Ägyptenland zu führen. "* (2. Mose 12, 42) Und wenn ER sein verstreutes Volk von den Enden der Erde zurückbringt, um sie von ganzem Herzen und von ganzer Seele in dem Land einzupflanzen, so glaube ich, entspricht es dem Wachen des Herrn, um sie herauszuführen! Als Gläubige aus den nichtjüdischen Nationen und eingepfropfte, wilde Zweige in den natürlichen Ölbaum, berufen als eine auserwählte Generation, eine königliche Priesterschaft, eine heilige Nation, als sein eigenes besonderes Volk, beruft der Herr uns, für seinen erstgeborenen Sohn Israel zu beten, ihn zu trösten und beizustehen auf dem Weg zurück in das Land seines Erbes. Der Herr bereitet sie auf das Kommen ihres Messias vor, und wir können dieses herrliche Ereignis beschleunigen!

Antisemitismus heute – Status quo, Erkennungsmerkmale, Ausstiegshilfen

von Tobias Krämer

Gibt es heute noch Gründe, sich mit Antisemitismus auseinanderzusetzen? Ist das nicht „Schnee von gestern"? Haben wir ihn nicht dank weitgehender Aufarbeitung unserer NS-Vergangenheit überwunden und aus der Gesellschaft ausgeschieden? Um diese Fragen zu beantworten, lohnt es sich, den Antisemitismusbericht des Deutschen Bundestages aus dem Jahre 2011 zu studieren (ASB). Er findet sich als Drucksache 17/7700 auch im Internet und umfasst über 200 Seiten.[1] Das Ergebnis gleich vorweg: Antisemitismus ist in Deutschland ein bedrückend aktuelles Phänomen. Und das nicht nur in extremistischen Gruppierungen. Unterschwelligen Antisemitismus gibt es in der deutschen Gesellschaft in großer Breite. Das ist eines der erschreckenden Ergebnisse des Antisemitismusberichts.[2]

---

1) www.dipbt.bundestag.de/dip21/btd/17/077/1707700.pdf

2) Zu den Ausmaßen vgl. die ARD-Dokumentation „Antisemitismus heute" in www.ardmediathek.de/fernsehen. Äußerungen von Bundeskanzlerin Merkel dazu unter www.rp-online.de/politik/deutschland/merkel-findet-antisemitismus-bedrueckend-aid-1.3787963.

Die gesellschaftliche Realität – der Status quo heute

Offenen und aggressiven Antisemitismus findet man vor allem im rechtsextremen Lager, das in Deutschland ca. 26.000 Anhänger hat. Hier gehört Antisemitismus zur Gruppenidentität und ist Programm. Aber auch im linksextremen Spektrum, zu dem ca. 32.000 Personen zu rechnen sind, wird dem Antisemitismus Raum gegeben, vor allem in Form von aggressiver Israelkritik (ASB S. 172). Nicht zu unterschätzen ist auch das islamistische Lager, dem in Deutschland ca. 37.400 Anhänger angehören. Hier geht der Antisemitismus bis hin zu Holocaustleugnung und Propagierung von Gewalt gegen Juden (Auslöschung des Staates Israel, weltweite Bekämpfung und Tötung von Juden).

Doch damit nicht genug. Nicht nur der extremistische „Rand" ist betroffen – auch die deutsche Mehrheitsgesellschaft ist alles andere als frei von Antisemitismus, bis weit ins Lager der Intellektuellen hinein. Bei etwa 20 % der Bevölkerung liegt latenter Antisemitismus vor (ASB S. 173). Das ist jeder Fünfte. Dabei ist längst nicht mehr nur an die klassischen Klischees zu denken, wie z. B. dass die Juden zu viel Einfluss hätten (Verschwörungstheorie) oder an ihrer Verfolgung selbst schuld seien. Verbreitet sind heute auch Vorwürfe, die Juden würden Vorteile aus dem Holocaust ziehen und die aktuelle israelische Palästinenser-Politik sei der des NS-Regimes vergleichbar. Hinter all solchen Gedanken steckt eine Grundeinstellung, die im Kern antisemitisch ist und deshalb zu solch abstrusen Verzerrungen der Realität führt.

An dieser Stelle wird deutlich, dass antisemitische Klischees und Vorurteile heute maßgeblich durch die Ereignisse in Nahost genährt werden. Und hier haben die Medien ihren Anteil. Während die deutschen Medien sich weitgehend von offenen, antisemitischen Äußerungen freihalten, unterfüttern sie nicht selten antisemitisches Gedankengut durch einseitige Berichterstattung. Dies führt dazu, dass „die Fokussierung auf den israelischen Militärapparat kaum noch Raum für die Darstellung anderer Aspekte der Lebensrealität in diesem Land zuzulassen scheint" (ASB S. 175).

Kurz: Viele Deutsche schreiben den Juden nach wie vor pauschal die Rolle der Bösewichte, der Hinterhältigen, Schurken und Täter zu. Man schiebt ihnen wie selbstverständlich den Schwarzen Peter in die Schuhe. In Konfliktfällen sind automatisch sie die Schuldigen, an ihrem Ergehen sind sie selbst schuld. Die Juden sind die Bösen, wir Deutschen die moralisch Überlegenen – so einfach machen es sich viele. Bis zum heutigen Tag. Und das ist antisemitisch.[1]

Antisemitische Einstellungen und klischeehafte Judenbilder sind in der deutschen Gesellschaft also noch immer tief verwurzelt. Das aber heißt: Die Juden werden in Deutschland nach wie vor Opfer antisemitischer Ressentiments. Das ist erschreckend. „Dieser Befund", so die Verfasser des Antisemitismusberichts, „macht die Erarbeitung einer umfassenden Abwehrstrategie in Zusammenarbeit von staatlichen Institutionen und gesellschaftlichen Organisationen notwendig" (ASB S. 179). Anders wird eine nachhaltige Änderung dieser fatalen Situation kaum zu erreichen sein.

Definition und Erkennungsmerkmale – Antisemitismus entlarven

Ein aktuelles Problem, das die Bekämpfung des Antisemitismus erschwert, ist die *political correctness*. Doch dieses Mal in einer positiven Gestalt. Es gilt heute in Deutschland als politisch unkorrekt, sich offen antisemitisch zu äußern. Das ist zu begrüßen. Leider blieb der Antisemitismus aber dennoch in den Herzen vieler Men-

---

1) Vgl. dazu den exzellenten Artikel der Linguistikprofessorin Dr. Monika Schwarz-Friesel: www.tagesspiegel.de/zeitung/wann-ist-es-antisemitismus/8253144.html.

schen unbemerkt erhalten und findet nun indirekte Ausdrucksformen. Und diese Indirektheit macht es schwer, dem Antisemitismus entgegenzutreten. Manchen Zeitgenossen ist es noch nicht einmal selbst bewusst, dass sie antisemitisches Gedankengut in sich tragen (der Autor selbst gehörte zu dieser Gruppe und spricht aus eigener Erfahrung). Es gilt also, „die Geister zu unterscheiden". Wie aber geht das?

Antisemitismus ist eine Unterform des Rassismus. Von Rassismus kann man reden, wenn ein Volk oder eine Volksgruppe pauschal mit Negativurteilen belegt und in Folge davon gar ausgegrenzt, angefeindet oder verfolgt wird. Dahinter stehen (geistlich, politisch und gesellschaftlich) zwei Probleme:

1. Pauschale Sätze beschreiben nicht die Realität. Es tragen nie alle Mitglieder einer Volksgruppe die Eigenschaften, die man ihr zuschreibt. Nicht alle Italiener sind temperamentvoll, die allerwenigsten Polen stehlen Autos und kaum ein Japaner hat das Zeug zum Kamikazeflieger. Es gibt blitzgescheite Blondinen, unzählige fleißige Beamte und verantwortungsbewusste Banker, im Gegenzug aber auch schlampig arbeitende Krankenschwestern und charakterlose Feuerwehrleute. Pauschale Sätze sind Vorurteile und somit unwahr. Natürlich haben Kulturen ihre eigenen Prägungen – französische Musik klingt anders als türkische und Beduinen pflegen einen anderen Umgang mit Trinkwasser als Deutsche. Das aber war´s auch schon. Eine Übertragung von Grundmerkmalen auf alle einer Gruppe ist nicht möglich und nicht sachgerecht. Das gilt auch für Israel. Viele wissen gar nicht, dass es in Israel zu allen Fragen eine große Bandbreite an Meinungen gibt. So kann man z. B. in Fragen des Nahost-Konflikts in der israelischen Gesellschaft starke Gegner, aber auch entschiedene Befürworter der 2-Staaten-Lösung finden. Und beide haben

ihre Argumente. Das ist Israel. Eine breite Meinungspalette, heftige Diskussionen, lebendige Demokratie. „Die Israelis" gibt es nicht.

2. Pauschalisierungen werden meist bewusst *wertend* vorgenommen. Dabei ist derjenige, der wertet, natürlich der, der Recht hat, moralisch überlegen ist, sich ein Urteil erlauben kann, die Dinge richtig sieht und zu Recht auf dem Richterstuhl sitzt – frei nach dem Motto „an meinem Wesen soll die Welt genesen". Das ist Anmaßung, nichts weiter. Trotz Globalisierung und Internationalisierung, trotz der schlechten Erfahrungen im Kolonialismus und der Weltmission im 19. Jhd. (die die Menschen nicht nur zu Christus, sondern teilweise auch zur europäischen Kultur bekehren wollte), trotz Dutzender misslungener Firmenfusionen und (ganz im Kleinen) auch Ehen, die an Kulturunterschieden scheiterten, sind heute noch immer viele Zeitgenossen zutiefst davon überzeugt, dass eigentlich sie es sind, die wissen, was für andere Menschen (gar in fernen Ländern) gut, richtig, moralisch vertretbar und empfehlenswert ist. Und das nicht selten, ohne deren Hintergründe, ihre Werte, ihre moralischen Empfindungen und ihre Denkweisen zu kennen. Wir Deutschen wissen (nur weil wir die Tageszeitung lesen und ein paar Dokus schauen), was im Nahost-Konflikt zu tun und zu lassen, was moralisch vertretbar ist und was nicht? Das ist Anmaßung. Regelmäßig erleben wir als „Christen an der Seite Israels", dass Menschen auf einer Reise nach Israel gehörig anfangen umzudenken – angesichts der Eindrücke direkt vor Ort.

Rassismus ist, um es einmal so zu sagen, ein gravierender Mangel an interkultureller Kompetenz, Bescheidenheit und Bereitschaft zur Auseinandersetzung mit Andersartigem.

Dasselbe gilt auch für Antisemitismus. Nur kommt hier die geistliche Besonderheit hinzu, dass Israel als Gottes Eigentumsvolk erwählt und bestimmt ist (5. Mo 7,6), dass damit unterschwellig eine Konkurrenzsituation sowohl zu Christen als auch zu Muslimen (und sogar zu Heiden) entsteht und diese somit meinen, sich „behaupten" zu müssen – *gegen* Israel. Die Frucht dieses Ansatzes ist die sogenannte Ersatz- oder Substitutionstheologie, die besagt, dass Gott Israel durch die Kirche Jesu Christi ersetzt (Israel also verworfen und abgestoßen) habe. Oder (in der muslimischen Variante), dass Allah Judentum und Christentum durch den Islam *ersetzen*, indem er Juden und Christen zum Islam *bekehren* will. Solche Überzeugungen sitzen tief und sind ihrerseits antisemitisch. Sei es in der christlichen Form (Ersatztheologie als fundamentaler Irrtum und Fehldeutung der Bibel), sei es in der muslimischen (als bewusstes Programm Mohammeds). Der weltweite Juden- und Christenhass hat jedenfalls religiöse Wurzeln. Man bekämpft den christlich-jüdischen Gott, indem man dessen Repräsentanten bekämpft. Unter diesem Aspekt ist der christliche Antisemitismus als besonders tragisch zu werten.

Klischees, Vorurteile, Pauschalverurteilungen, negative Rollenzuweisungen – all dies ist rassistisch oder (auf die Juden gemünzt) antisemitisch. Dabei ist zu bedenken, dass der Antisemitismus, der ja gesellschaftlich verpönt ist, sich heute oft in Form von Antiisraelismus zeigt. Gegen die Juden darf man ja nichts sagen, gegen Israel aber schon. Israelfeindschaft ist Antisemitismus, genauso wie Amerikafeindschaft Antiamerikanismus ist. Es gibt also Formen von Israelkritik, die im Kern antisemitisch sind. Doch wo verläuft die Grenze? Spätestens dort, wo mit zweierlei Maß gemessen wird, Einseitigkeit und Parteilichkeit im Spiel sind und nicht alle Aspekte einer Frage gleichermaßen zur Urteilsfindung herangezogen und gewichtet werden. Unterschwelliger Antisemitismus liegt also vor, wo …:

- **... Israel unsachgemäß kritisiert wird,** so dass die Kritik „durch eine einseitige Verurteilung des jüdischen Staates, ein Ignorieren seiner legitimen Sicherheitsinteressen und eine leichtfertige Infragestellung seiner Existenzberechtigung" geprägt ist (ASB, S. 172). Diese Form der Kritik ist nicht das Ergebnis eines ausgewogenen Meinungsbildungsprozesses, sondern das einer antiisraelischen Grundeinstellung.

- **... Israel einseitig verurteilt wird:** „Dies gilt insbesondere für den Nahost-Konflikt, in dem Israel ... überwiegend in der Rolle des handelnden Täters erscheint" (ASB, S. 175) und Vorgeschichte bzw. Hintergründe ausgeblendet werden. Verurteilungen solcher Art kommen dadurch zustande, dass das simplifizierende und in vielen Medien transportierte „Täter-Opfer-Schema" unbesehen übernommen wird. Das aber wird der Komplexität der Thematik keinesfalls gerecht.

- **... Israel kritischer gesehen wird als andere.** In einer Gruppe geistlicher Leiter, die ich anfangs des Jahres besuchte, war es allen wichtig, dass in Israel „auch nicht alles in Ordnung" sei. Das ist wahr. Aber ist das nicht in jedem Land so? Und gibt es nicht weit „schlimmere Staaten" als Israel? Warum hält man sich so an Israel auf, während weit größere Problematiken weltweit bedeutend weniger Aufmerksamkeit erhalten?

- **... Fakten verkannt werden.** Der deutsche Aufschrei gegen den Zaun, der die palästinensischen Wohngebiete von den israelischen trennt, ist verständlich. Dadurch aber gingen die blutigen Anschläge extremer Palästinenser auf Israel um 90 % zurück, so dass viele Menschenleben gerettet wurden. Wenn man sich adäquat zu diesem Zaun äußern möchte, dann muss man alle Fakten (auch jene 90 %) bedenken und entsprechend gewichten.

- **… unpassende Vergleiche verwendet werden.** Wo das heutige Israel mit dem Hitler-Regime oder dem südafrikanischen Apartheidsystem verglichen wird, bewegt man sich weit außerhalb der Realität. Dazwischen liegen Welten! Freitag für Freitag erschallen aus den Lautsprechern der Jerusalemer Moscheen weithin hörbar antiisraelische Parolen (freie Meinungsäußerung), und in der Knesset sitzen Abgeordnete, die sich für die Abschaffung des Staates Israel einsetzen (demokratisch gewählt). Ist ein Vergleich, der einerseits so unpassend ist und andererseits so aggressiv an den Pranger stellt, nicht ein Akt der Feindschaft – der Israelfeindschaft?

- **… das Normale als unnormal erscheint.** In einer Diskussion fragte ich eine junge Frau, was wir Deutschen denn tun würden, wenn ständig Raketen von den Schweizer Bergen nach Deutschland geschossen würden. Sie meinte: „Wir würden auf diese Berge gehen und das verhindern, das ist doch klar." Ich fragte zurück, warum Israel das dann nicht dürfe. Man bedenke: Wem man die Selbstverteidigung raubt, dessen Untergang nimmt man billigend in Kauf.

- **… man sich den Tatsachen entzieht** und weder dem Grauen der Vergangenheit noch dem Antisemitismus heute stellt. Der Ruf, es müsse doch mal „genug sein", kommt nicht selten aus dem Munde derer, die sich noch nie tief gehend mit der Materie befasst und sie an sich herangelassen haben. Wer das hingegen getan hat, schließt sich i. d. R. nicht *diesem* Ruf an, sondern einem anderen: dem gegen das Vergessen.

Wo verkappte Judenfeindschaft gleich welcher Art vorliegt, bedarf es der Buße. Buße, die das Herz erreicht. Buße, die aus Feindschaft Freundschaft macht. Auch in christlichen Gemeinden.

Ausstiegshilfen – seelsorgerliche Hinweise

„Schaffe in mir, Gott, ein reines Herz" betet der Psalmist in Ps 51, 12. Und Jesus lehrt: *„Selig sind, die reinen Herzens sind, denn sie werden Gott schauen"* (Mt 5, 8). Ein sauberes, von Sünden gereinigtes Herz, ein Herz, das Gott gefällt und ihn ehrt, ein geheiligtes Herz – das ist es, was Christen erstreben, und viele sehnen sich danach. Herzensreinigung / Heiligung ist ein fortwährender Prozess, der in der Kraft des Kreuzes geschieht, zugleich aber willentlich verfolgt werden muss. Dazu bedarf es (1.) einer ehrlichen Wahrnehmung dessen, was im eigenen Herzen vor sich geht, (2.) einer geistlichen Bewertung dieser Vorgänge und (3.) ggf. einer inneren Umorientierung. Negatives Gedankengut wird ans Kreuz gebracht und durch gute Gedanken, die mit Gott übereinstimmen und von ihm kommen, ersetzt. Das nennt man Umkehr oder Sinnesänderung, auf Altdeutsch Buße, auf Griechisch *metánoia*.

Wenn Christen es mit der Heiligung ernst meinen, dann schließt das ihr Verhältnis zu Israel mit ein. Dieses sollte so sein, dass es Gott ehrt und Freude macht. Und wenn Christen zur Nächstenliebe aufgerufen sind, dann ganz sicher auch zur Israelliebe. Begegnen wir Israel in der Liebe Christi? Fühlen, denken, reden und handeln wir entsprechend? Verhalten wir uns so, dass es Israel „zum Nacheifern reizt", wie es laut Röm 11 unser Auftrag ist? Praktizieren wir den Juden gegenüber aufrichtige Nächstenliebe? Hier darf man sich durchaus einmal ernsthaft prüfen. Folgende Fragen können dabei helfen:

- Wie sind meine **Gedanken** über Israel und die Juden? Israel ist ... / die Juden sind ... – welche Inhalte liefert mein Unterbewusstsein an dieser Stelle, wenn ich aufrichtig und ehrlich bin und mir meine innersten Gedankengänge bewusst mache?

167

- Wie sind meine **Einstellungen und Haltungen** Israel und den Juden gegenüber? Mit welchen Worten lassen sie sich beschreiben? Passen sie zur Liebe Gottes, die allen Menschen gilt, auch den Juden?

- Ziehe ich mich auf eine Position der „**Neutralität**" zurück? Ist diese echt oder nur das Ergebnis dessen, dass ich im Grunde *gegen* die Juden bin und jene Neutralität nur benutze, um nicht *pro* sein zu müssen? Handelt es sich in Wahrheit nur um Gleichgültigkeit und Desinteresse, also um Lieblosigkeit („Soll Israel doch selbst schauen, wie es klarkommt, das geht mich nichts an")?

- Habe ich im Hinblick auf meine Gedanken Israel gegenüber ein reines **Gewissen** vor Gott? Oder muss ich mich innerlich rechtfertigen und mich aus Rückfragen herauswinden, wie es vor langer Zeit Kain schon tat?

Wer bei der Beantwortung dieser Fragen auf antisemitische Reflexe stößt, sei es auf der Ebene der Gedanken, sei es auf der der Gefühle, der kann auch hier den Weg gehen, den er im Falle der Umkehr immer geht:

1. Bekennen dieser Gedanken und Gefühle als Schuld vor Gott.

2. Um Vergebung bitten.

3. Gedanken und Gefühle ans Kreuz bringen, sich von ihnen lösen bzw. lossagen.

4. Um Offenbarung der Gedanken und Gefühle, ja des Herzschlags Gottes Israel gegenüber bitten.

5. Sich Gottes Gedanken und Gefühle schenken lassen, aneignen und „zu Herzen nehmen".

Manchmal entsteht hier ein Kampf, der aber im Namen Jesu gewonnen werden kann. Manchmal kehrt das Alte zurück, dann weist man es wieder von sich. Manchmal durchläuft man längere Prozesse, die schrittweise verlaufen und in die Tiefe gehen. Dann geben wir diesen Prozess im Vertrauen in Gottes Hand, öffnen uns und lassen ihn zu, bis er abgeschlossen ist. Wo der Prozess aber blockiert ist und nicht die Tiefe des Herzens erreicht, da kann es nötig sein, die Familiengeschichte aufzuarbeiten und die „Decke des Schweigens" (Jobst Bittner) zu durchbrechen. Das setzt frei. In jedem Fall bedarf es der Ehrlichkeit und der Umkehrbereitschaft – und manchmal auch der Beharrlichkeit. Doch Umkehr lohnt sich.

Umkehr ist ein Geschenk. Durch Umkehr wird das Herz rein. Und einem reinen Herzen geht es viel besser als einem unreinen. Ein reines Herz ist weich, lebendig und frei. Es kann mitfühlen, verstehen, mitleiden und lieben. Ein reines Herz liebt bedingungslos – unabhängig vom Ansehen der Person. Es liebt Juden. Es liebt Muslime. Es liebt Freund und Feind. Es liebt alle Menschen.

Die Kraft des kollektiven Fastens

von Derek Prince

Meiner Meinung nach ist die stärkste Form von geistlicher Kraft, die dem Volk Gottes zur Verfügung steht, die Kombination aus Fasten und Gebet. Nicht nur individuelles Fasten, was etwas sehr Gutes ist, sondern die Kombination aus Gebet und kollektivem Fasten, was für mich der Höhepunkt der geistlichen Kraft ist.

Grundlagen des biblischen Fastens

Das Wort „Fasten" kann in verschiedener Weise definiert werden, doch auf einer biblischen Grundlage würde ich sagen: „Fasten" bedeutet, dass man aus geistlichen Gründen freiwillig aufs Essen verzichtet. Wenn wir fasten, ist es in aller Regel so, dass wir zwar trinken, aber nichts essen. In der Bibel werden Zeiten beschrieben, in denen Menschen ohne Nahrung und Wasser fasteten. Mose tat das zweimal. Ich glaube, Elia tat es einmal 40 Tage lang. Ich möchte niemandem empfehlen, 40 Tage ohne Nahrung und Wasser zu fasten, es sei denn, er steht in derselben Beziehung zu Gott und befindet sich in demselben übernatürlichen Zustand wie damals Mose und Elia. Doch im 4. Kapitel des Buchs Ester lesen wir, dass Ester und ihre Dienerinnen drei Tage und drei Nächte fasteten, ohne zu essen und zu trinken, also insgesamt 72 Stunden lang. Ich persönlich habe das zweimal gemacht. Dies sollte das absolute Maximum sein, wie lange man sich Flüssigkeit verwehrt, es sei denn, man befindet sich in einem übernatürlichen Zustand. Noch länger *ohne Flüssigkeit* zu sein ist für den Körper sehr gefährlich.

Es ist jedoch nicht gefährlich, über diese drei Tage hinaus *ohne Nahrung* weiterzufasten, wenn man sich vernünftig vorbereitet und bestimmte Vorkehrungen getroffen hat. Ich spreche da aus persönlicher Erfahrung. Es ist nicht relevant, wie lange ich gefastet habe, aber es ist keine Frage, dass es möglich ist, 21 Tage oder 40 Tage ohne Nahrung zuzubringen, wenn man in guter physischer und geistlicher Verfassung ist. Ich sage nicht, dass der Effekt unseres Fastens von der Länge unseres Fastens abhängig ist, denn das ist er nicht. Inwieweit unser Fasten effektiv ist, hängt davon ab, ob wir sensibel für den Willen Gottes und die Führung des Heiligen Geistes sind.

Noch etwas: Ich persönlich bin davon überzeugt, dass ein richtig praktiziertes Fasten auch ausgesprochen förderlich für unsere körperliche Gesundheit ist. Ich denke, diese Form des Fastens ist eine weithin vernachlässigte Möglichkeit, körperliche Probleme zu kurieren.

Die einzigartige Kraft des gemeinschaftlichen Fastens – Grundlagen

Ich würde gerne über einige geistliche Fakten des Fastens sprechen. Der erste Punkt, auf den ich zu sprechen kommen möchte, ist, dass Christus von seinen Jüngern erwartet, dass sie fasten. In der Bergpredigt, in der wirklich die grundlegenden Anforderungen an christliche Jüngerschaft formuliert werden, macht Jesus folgende Aussagen (Matthäus 6, 16–18):

„Wenn ihr aber fastet, so seht nicht düster aus wie die Heuchler! Denn sie verstellen ihre Gesichter, damit sie den Menschen als

Fastende erscheinen. Wahrlich, ich sage euch, sie haben ihren Lohn dahin. Wenn du aber fastest, so salbe dein Haupt und wasche dein Gesicht, damit du nicht den Menschen als ein Fastender erscheinst, sondern deinem Vater, der im Verborgenen ist! Und dein Vater, der im Verborgenen sieht, wird dir vergelten. "

Ich möchte hier auf ein einziges sprachliches Kriterium dieser Passage hinweisen. Jesus sagte nicht: „**Falls** ihr fastet ...", sondern „**Wenn** ihr fastet ..." Der Sprachgebrauch weist darauf hin, dass er von all seinen Jüngern erwartete, dass sie fasten. Die Frage war nicht, **ob** sie es tun, sondern **wie** sie es tun und diesbezüglich formulierte Jesus einige ganz grundlegende Prinzipien. Es ist sehr bedeutsam, dass Jesus an dieser Stelle sowohl in der Mehrzahl als auch in der Einzahl spricht: „Wenn **du** fastest ..." und „Wenn **ihr** fastet ..."

Es ist wichtig, dass eine Einzelperson bei sich zu Hause privat fastet, doch wenn Jesus sagt: „Wenn **ihr** fastet ..." glaube ich, dass es dabei um kollektives Fasten geht. Manche Leute sagen: „Fasten muss man immer im Verborgenen." Aber ich glaube, dass das eine Strategie des Teufels ist. Jesus gebraucht in Bezug auf Gebet genau dieselben Worte. Wenn man diese Argumentation beibehalten würde, müsste man sagen, dass Gebet und Fasten immer im Verborgenen geschehen müsse. Es würde keine öffentlichen Gebetsveranstaltungen und kein kollektives Fasten geben. Wer würde so etwas wollen? Der Teufel.

Es gibt also das individuelle Beten und Fasten, das im Verborgenen geschieht; aber es gibt auch das kollektive Beten und Fasten, das gemeinsam geschieht, öffentlich ist, öffentlich angekündigt wird – ein Ort und eine Zeit muss dafür festgesetzt werden.

Beachte bitte, dass in Bezug auf das individuelle Fasten Jesus im Grunde sagt: „Wenn ihr es in der rechten Art und Weise tut, wird Gott euch belohnen." Wenn du also nicht fastest, dann verwirkst du dir dadurch eine Belohnung.

Wir lesen in Markus 2, 18–20 mehr über Fasten:

„Und die Jünger des Johannes und die Pharisäer fasteten [oder ‚pflegten zu fasten‘]*; und sie kommen und sagen zu ihm* [Jesus]*: Warum fasten die Jünger des Johannes und die Jünger der Pharisäer, deine Jünger aber fasten nicht?"*

Es ist wichtig zu verstehen, dass Fasten in der damaligen Zeit ein ganz normaler Teil der Religionsausübung war. Es wurde von den Pharisäern praktiziert und von den Jüngern des Johannes. In jeder Kultur und Nation ist Fasten ein ganz normaler Teil jeder ernsthaften Religionsausübung. Hindus fasten; Buddhisten fasten; Muslime fasten; alle Menschen, die einer Religion angehören und diese ernst nehmen, praktizieren das Fasten. Als ich das Buch *Die Waffe des Betens und Fastens* schrieb, recherchierte ein Freund von mir in der Library of Congress in den Vereinigten Staaten, um herauszufinden, ob es schon irgendwelche christlichen Bücher über das Fasten gäbe. Wisst ihr, was er dabei fand? Viele Bücher über das Fasten – von Muslimen, von Hindus, von Buddhisten und so weiter. Aber es gab kein einziges Buch von einem Christen zum Thema Fasten in der ganzen Library of Congress. Ich denke, das ist eine Schande für uns Christen. Das Fasten ist ein wesentlicher Teil jeder ernst zu nehmenden Religion.

Als die Leute damals sahen, dass die Jünger Jesu nicht fasteten und fragten, wie das sein könne und warum sie das nicht täten, lautete die Antwort Jesu (Vers 19):

„Und Jesus sprach zu ihnen: Können etwa die Hochzeitsgäste fasten, während der Bräutigam bei ihnen ist? Solange sie den Bräutigam bei sich haben, können sie nicht fasten. Es werden aber Tage kommen, da der Bräutigam von ihnen weggenommen sein wird, und dann, an jenem Tag, werden sie fasten."

Das ist ein Gleichnis und natürlich müssen wir das Gleichnis deuten. Ich möchte euch meine Deutung unterbreiten. Du bist vielleicht anderer Meinung, aber das ist zumindest meine Deutung. Ich glaube, der Bräutigam ist Jesus Christus. Darüber besteht meines Erachtens kein Zweifel. Die Hochzeitsgäste sind die Jünger. Jesus sagte, in der jetzigen Zeit, als er sprach, sei der Bräutigam bei ihnen und sie können nicht fasten. Aber dann sagte er auch mit allem Nachdruck, dass Tage kommen würden, in denen der Bräutigam nicht mehr bei ihnen sein werde und *dann werden sie fasten.*

Wenn wir uns fragen, „Ist der Bräutigam von uns weggenommen worden?", lautet meine Antwort: „Ja, denn wir warten alle auf die Rückkehr des Bräutigams." Wenn wir also auf die Rückkehr des Bräutigams warten, ist das der Beweis dafür, dass er von uns weggenommen wurde. Das heißt, dass in der Zeit zwischen seiner Anwesenheit auf Erden und seiner Rückkehr vom Himmel seine Jünger – wie Jesus selbst sagt – fasten werden. In den Tagen, in denen wir leben, ist Fasten also ein Kennzeichen christlicher Jüngerschaft. Wenn du das nicht hast, fehlt dir ein von Gott gegebenes Kennzeichen christlicher Jüngerschaft. Jesus ging davon aus, dass alle Christen fasten.

Die einzigartige Kraft des gemeinschaftlichen Fastens – Beispiele aus dem Neuen Testament

Gehen wir weiter zum nächsten Punkt, den ich euch nahebringen möchte: Die neutestamentliche Gemeinde praktizierte kollektives Fasten in der Gruppe – nicht nur das individuelle Fasten, sondern auch das kollektive Fasten. Am Anfang von Apostelgeschichte 13 lesen wir:

„Es waren aber in Antiochia, in der dortigen Gemeinde, Propheten und Lehrer [dann werden fünf Männer genannt; Vers 2]. *Während sie aber dem Herrn dienten und fasteten, sprach der Heilige Geist: Sondert mir nun Barnabas und Saulus zu dem Werk aus, zu dem ich sie berufen habe!"*

Diese Männer – es waren Leiter in der Gemeinde – dienten dem Herrn gemeinsam mit Fasten. Dem Herrn dienen, ist ein sehr wichtiges Konzept, das dem durchschnittlichen Christen oft gar nicht geläufig ist. Christen reden oft davon, dass man Menschen dient, aber Menschen zu dienen, ist sekundär. Dem Herrn zu dienen, hat Vorrang.

Eine Art, dem Herrn zu dienen, ist fasten, auf ihn warten, ihn anbeten, beten, seinen Rat und seine Pläne suchen. Das heißt es, dem Herrn zu dienen, und wenn du dem Herrn dienst, offenbart dir der Herr seine Absichten. Dann bekommst du einen Isaak und keinen Ismael, weil die Initiative bei Gott liegt und weil du dir nicht etwas ausdenkst, was du tun solltest. Vielmehr dienen wir dem Herrn, bis er uns zeigt, was er getan haben möchte. Im Neuen Testament bestand dieser Dienst am Herrn darin, dass die Christen kollektiv in Gebet und Fasten auf Gott warteten. Dies hatte zur Folge, dass ihnen die Absicht Gottes offenbart wurde: Sondert mir Barnabas und Saulus aus.

Beachtet, dass Fasten in Vers 3 nochmal erwähnt wird:

„Da fasteten und beteten sie; und als sie ihnen die Hände aufgelegt hatten, entließen sie sie."

Der Zweck des Betens und Fastens bestand beim zweiten Mal darin, diese beiden Männer, die ausgesandt werden sollten, zu beauftragen, für sie die erforderliche Gnade und Autorität und Vollmacht in Anspruch zu nehmen und für sie die offenen Türen in dem Bereich oder Dienst in Anspruch zu nehmen, in den Gott sie hineinsandte. Es ist sehr wichtig festzuhalten, dass sie am Ende des 14. Kapitels, nachdem sie zurückgekehrt waren, berichteten, dass Gott für den Glauben die Tür zu den Nichtjuden geöffnet hatte und dass sie die Aufgabe, zu der sie ausgesandt worden waren, erledigt hatten. Das war die Folge des kollektiven Fastens und Betens.

Gebet und Fasten öffnet Türen, die auf keine andere Art und Weise geöffnet werden können. Darüber hinaus wird etwas, das daraus entspringt, dass man betet und fastet und auf Gott wartet und dann in der rechten Weise beauftragt wird, auch das erledigen, wozu es ausgesandt wird.

Als ich zwischen 1957 und 1961 Missionar in Ostafrika war, hatte ich die Angewohnheit, regelmäßig einen Tag pro Woche zu fasten, zusammen mit meiner Frau. Wir behielten dies viele Jahre lang bei. Schließlich, während wir in Ostafrika waren, bekam ich eine neue Position: Ich wurde Rektor eines Colleges. Ich hatte eine Vielzahl von mehr oder weniger säkularen Verantwortungsbereichen und sagte mir deshalb: „Ich habe zu viel zu tun, um zu fasten." Eine Zeitlang tat ich es dann auch nicht und machte die Feststellung, dass es mit meinem geistlichen Leben irgendwie bergab ging. Ich kam nicht in den Genuss der Segnungen Gottes; ich hatte die Salbung nicht; ich hatte den Glauben und die Zuversicht nicht, die ich früher gehabt hatte. Schließlich zeigte Gott mir den Grund: „Du hast das Fasten vernachlässigt." Also fing ich wieder damit an, obwohl ich immer noch genauso viel zu tun hatte, und schon kamen der Segen und die Salbung zurück.

Eines Tages sagte ich mir: „Ich bin hier in Ostafrika vier oder fünf Jahre lang. Werde ich, wenn ich am Ende dieser Zeit wieder von hier weggehe, in der Lage sein zu sagen, dass ich die Aufgabe erledigt habe, zu der Gott mich hierher gesandt hat?" Ich hatte im Neuen Testament gelesen, dass jene, die ausgesandt worden waren, ihre Aufgabe erledigt hatten; sie hatten ihren Job getan. Und Gott sagte sehr klar: „Wenn du neutestamentliche Resultate haben möchtest, dann musst du auch neutestamentliche Methoden anwenden." Jene Männer, die ausgesandt worden waren, erledigten ihre Aufgabe, weil ihre Beauftragung aus Gebet und Fasten hervorgegangen war. Und ich glaube das. Ich glaube nicht, dass es eine andere Möglichkeit gibt, um neutestamentliche Resultate zu erzielen.

Im Neuen Testament ist zu lesen, dass jene Leute im Laufe ihrer Reise in verschiedene Städte etliche Menschen zum Herrn führten; diese Menschen wurden Jünger. Auf der Rückreise besuchten sie diese Leute wieder und teilten sie in Gemeinden ein. Sie gründeten diese Gemeinden, indem sie Älteste ernannten. Das war sehr wichtig. Sobald Älteste ernannt wurden, erfolgte der Übergang vom bloßen Dasein als Jünger zum Dasein einer Gemeinde. In Apostelgeschichte 14, 23 lesen wir, wie sie Älteste ernannten:

„Als sie ihnen aber in jeder Gemeinde Älteste gewählt hatten, beteten sie mit Fasten und befahlen sie dem Herrn, an den sie gläubig geworden waren."

Wir haben hier also insgesamt drei Beispiele dafür, dass die Leiter der Urgemeinde öffentlich und kollektiv beteten und fasteten.

1. Um Gott zu dienen und eine Offenbarung seines Willens zu bekommen.

2. Um Apostel zu beauftragen, die ausgesandt wurden, um eine von Gott gegebene Aufgabe zu erfüllen.

3. Um Älteste oder Leiter oder Hirten in einer Ortsgemeinde zu ernennen.

In der neutestamentlichen Gemeinde wurden alle wichtigen Verantwortungsbereiche christlicher Leiterschaft von Fasten und Beten begleitet: die Erkenntnis des Willens Gottes, die Aussendung von Aposteln und die Einsetzung von Ältesten. Wenn man sich die Ordnung und Leitungsstruktur der Gemeinde Jesu vor Augen führt, muss man sagen, dass Apostel und Älteste wie zwei große Scharniere sind, an denen alle anderen Formen von Ordnung und Leiterschaft hängen. Und beachtet, dass in der Urgemeinde sowohl

Älteste als auch Apostel durch gemeinsames Beten und Fasten eingesetzt wurden. Mit anderen Worten: *Die Grundlage des Lebens und der Ordnung einer Gemeinde war gemeinsames Beten und Fasten.*

Die einzigartige Kraft des gemeinschaftlichen Fastens – Beispiele aus der Geschichte Israels

Wenn wir zum Alten Testament zurückkehren, erkennen wir, dass Gott von Israel an jedem Sühnetag ein kollektives Fasten verlangte. Als ich dies erkannte, konnte ich mir das bildlich vorstellen. Stellt euch nur vor, wie das war, als eine gesamte Nation Jahr für Jahr einen ganzen Tag lang komplett auf Essen und alle säkularen Aktivitäten verzichtete und sich vor dem allmächtigen Gott demütigte. Das taten sie, indem sie fasteten.

Wir können dies klar anhand der Schrift sehen. In 3. Mose 16, 29–31 finden wir die konkreten Anweisungen darüber, wie der Sühnetag einzuhalten sei. Die Juden nennen diesen Sühnetag „Jom Kippur". Der vierte Krieg, in den Israel verwickelt wurde, brach genau an diesem ausgesprochen heiligen Feiertag aus. Vielleicht erinnert ihr euch noch daran, dass viele Kommentatoren in den Nachrichten sagten, die meisten jüdischen Soldaten seien fastend in den Krieg gezogen. Warum? Eben weil es der Sühnetag war.

Nun also 3. Mose 16, 29–31:

„Und dies soll euch zu einer ewigen Ordnung sein: Im siebten Monat, am Zehnten des Monats, sollt ihr euch selbst demütigen und keinerlei Arbeit tun, der Einheimische und der Fremde, der in eurer Mitte als Fremder wohnt. Denn an diesem Tag wird man für euch Sühnung erwirken, um euch zu reinigen; von all euren Sünden werdet ihr rein sein vor dem HERRN. Ein Sabbat völliger Ruhe soll er euch sein, und ihr sollt euch selbst demütigen [oder: ‚eurer Seele zusetzen'] *– eine ewige Ordnung."*

Bevor wir noch auf die Bedeutung dieser Formulierung „ihr sollt euch selbst demütigen" zu sprechen kommen, beachtet, dass dies ein feierlicher Tag sein sollte, der durch eine göttliche Verfügung in Ewigkeit festgesetzt ist. Nun, wie demütigten sie sich selbst? Das Neue Testament sagt uns, dass sie das durch Fasten taten. Hier besteht eine sehr interessante Beziehung zwischen dem Alten und dem Neuen Testament. In Apostelgeschichte 27, 9 wird berichtet, wie die Schiffsreise des Paulus nach Rom begann:

„Da aber viel Zeit verflossen und die Fahrt schon unsicher war, weil auch das Fasten schon vorüber war …"

Was ist hier mit „das Fasten" gemeint? Das war das neutestamentliche Wort für den Sühnetag. In welche Zeit des Jahres fällt der Sühnetag? Nun, er liegt entweder Ende September oder Anfang Oktober. Was bedeutet es, wenn es hier heißt, das Fasten sei schon vorüber? Das bedeutet, dass der Winter allmählich kommt und in biblischen Zeiten fuhr man im Winter nicht mehr mit Segelschiffen hinaus; das tat man nur im Sommer. Aus diesem Grund wissen wir ganz konkret, dass hier auf den Sühnetag Bezug genommen wird und dieser Tag als „das Fasten" bezeichnet wird. Mit anderen Worten, haben wir hier einen neutestamentlichen Beweis dafür, dass die jüdischen Gläubigen und die Apostel selbst die Tatsache anerkannten, dass Fasten gemeint war, wenn es in diesem Bibeltext heißt, sie sollen sich selbst demütigen oder ihrer Seele zusetzen. Und an diesem Tag – und nur an diesem Tag – ging der Hohepriester durch den zweiten Vorhang hindurch hinein in das Allerheiligste.

Ich glaube, als damals der Jom-Kippur-Krieg ausbrach, sagte Gott: „Das ist die Zeit auf meiner Uhr." Ich glaube, dass Israel immer der Minutenzeiger auf der prophetischen Uhr Gottes ist. Und ich glaube, dass Gott sagte, die Zeit sei gekommen, dass die Gemeinde ihre Seele durch kollektives Fasten demütigt und dass der Weg ins Allerheiligste offen wäre, wenn die Gemeinde das tun würde.

Ich wusste schon seit Jahren, dass Fasten effektiv ist, aber Gott hat mir gezeigt, dass es mehr als nur das ist. Es ist **die** Möglichkeit schlechthin. Sich demütigen und seiner Seele durch Fasten zusetzen, bringt jene Elemente der eigenen Natur, die Gott widerstreben, unter die Kontrolle des Heiligen Geistes.

Die Kraft des Kreuzes, des Fastens und des Gebets

Abschließend möchte ich noch 2. Chronik 7, 14 lesen.

„Wenn mein Volk, über dem mein Name ausgerufen ist, [sich] *demütigt …, und sie beten und suchen mein Angesicht und kehren um von ihren bösen Wegen, dann werde ich vom Himmel her hören und ihre Sünden vergeben und ihr Land heilen."*

Beachtet, dass die Heilung des Landes nicht durch die Sünde der Ungläubigen aufgehalten wird, sondern durch die Sünde der Gläubigen. Das ist es, was Gott im Weg steht, wenn er das tun möchte, was für unser Land und unsere Nation getan werden muss. Die Gemeinde Jesus ist das Hindernis.

Gott wirkt in Übereinstimmung mit einer göttlichen Ordnung. Die Gemeinde ist der Leib Christi. Christus ist sein Sohn, den er ehrt. Deshalb wird er die Gemeinde nicht umgehen oder links liegen lassen, denn dadurch würde er den Sohn verunehren. Wenn Gott irgendetwas aus Gnade heraus auf Erden tut, dann muss es durch die Gemeinde Jesu getan werden. Wenn die Gemeinde sich Gott unterordnet und sich ihm ausliefert, kann Gott die Welt durch die Gemeinde heimsuchen; doch wenn die Gemeinde sich Gott widersetzt, kann Gott auch die Welt nicht erreichen.

In der großen Erweckung in Wales im Jahr 1904 lautete der Slogan des großen geistlichen Leiters dieser Erweckung, Evan Roberts: *„Bring die Gemeinde auf die Knie und beuge die Welt."* Wenn man die Gemeinde auf die Knie bringen kann, ist es kein Problem mehr, die Welt zu beugen. Gottes Problem sind immer seine halsstarrigen, selbstgerechten und sturen Leute.

Gott sagt hier: „*Wenn mein Volk ...*" Was ist die erste Anforderung? Nicht dass wir beten, sondern dass wir uns demütigen. Gott widersteht den Hochmütigen. Wenn du aus Stolz heraus betest, wird dein Gebet nichts bewirken. Doch den Demütigen schenkt er Gnade.

Interessanterweise ist der Begriff „sich demütigen" in diesem Vers derselbe wie jener, der in 3. Mose 16, 29 verwendet wird und dort eben auch mit der Formulierung „seiner Seele zusetzen" wiedergegeben wird. Wenn man diesen Begriff in der Konkordanz nachschlägt, sieht man, dass in der englischen King James Bibel hierfür zwei Übersetzungen verwendet werden – entweder „zusetzen" bzw. „niederschlagen" oder „demütigen" – und beide Übersetzungen sind ziemlich gut. Wenn Gott also von seinem Volk verlangt, dass es sich demütigt, dann ruft er es zu einem kollektiven Fasten auf. Das ist seine grundlegende Anforderung. Er sagt: „Wenn ihr das tut und dann betet und dann mein Angesicht sucht und dann von euren bösen Wegen umkehrt, werde ich euer Land heilen." Genau das ist es, was Gott in dieser Zeit von seinem Volk möchte. Unser Teil in der Wiederherstellung besteht darin, dass wir uns demütigen, beten, Gottes Angesicht suchen und von unseren bösen Wegen umkehren. Wenn wir das tun, wird Gott unser Land heilen.

(Anmerkung: Was die Art und das Maß des Fastens betrifft möge jeder vor dem Herrn für sich klären, ob und wie er es im Rahmen der 100 Tage Gebet handhaben möchte.)

„Die Sonne wird sich verfinstern, und der Mond wird zu Blut"

Seltene Himmelskonstellationen 2014 und 2015 – Gedanken aus Nahost-Updates von Lance Lambert vom Oktober 2012

von Dr. Wolfgang Schuler

Nach allem, was wir beobachten können, leben wir in einer Zeit, die die Bibel als Endzeit bezeichnet. Für diese Zeit kündigt uns der Prophet Joel höchst auffällige Zeichen an: *„Die Sonne wird in Finsternis und der Mond in Blut verwandelt werden, ehe denn der große und schreckliche Tag des HERRN kommt"* (Joel 3, 4). Jesus selbst greift diese Prophezeiung in seiner Endzeitrede auf, in Lukas 21, 25–26. Auch Petrus zitiert dieses Prophetenwort in seiner flammenden Pfingstrede in Apostelgeschichte 2, 20–21.

Sonnenfinsternisse sind uns vertraut und sorgen auch heute noch für Aufsehen. Aber wie soll sich der Mond in Blut verwandeln? In der populärwissenschaftlichen Zeitschrift „Wissenschaftsmagazin" kann man nachlesen, dass „Blutmond" eine gängige Bezeichnung für eine totale Mondfinsternis ist, nachzulesen im Internet unter www.scinexx.de/dossier-detail-135-5.html.

Durch Beugung der Lichtstrahlen in der Erdatmosphäre um die Erde färbt sich bei einer totalen Mondfinsternis der Kernschatten der Erde auf dem Mond rostbraun bis blutrot. In einem kurzen Animations-Film der NASA lässt sich dieses Naturphänomen auf dem heimischen PC betrachten: www.bild.de/news/inland/mondfinsternis/blutmond-wo-kann-man-ihn-sehen-18378616.bild.html (bitte den Pfeil auf dem kleinen Bild oben rechts anklicken).

Im 1. Buch Mose wird uns gleich zu Beginn von Sonne und Mond berichtet, dass diese uns als Zeichen zur Beurteilung der Zeit gegeben sind (1. Mose 1, 14f). Jesus ermahnt uns mit Nachdruck, die Zeichen der Zeit zu erkennen. In den kommenden zwei bis drei Jahren wird sich nach Auskunft der NASA eine denkwürdige Häufung von Phänomenen an Sonne und Mond ereignen. 2014 und 2015 gibt es je zweimal einen „Blutmond", also eine blutrote Verfärbung des Mondes im Rahmen einer totalen Mondfinsternis, und das jeweils genau an zwei jüdischen Hochfesten, am 1. Tag von Pessach 5774 (am 15. 4. 2014) und am 1. Tag von Sukkot 5775 (am 9. 10. 2014), und dann wieder am 1. Tag von Pessach 5775 (am 4. 4. 2015) und am 1. Tag von Sukkot 5776 (am 29. 9. 2015). Dies ist eine äußerst seltene Konstellation. Dazwischen liegt der jüdische Jahreswechsel zum Jahr 5776, beginnend am 13. 9. 2015, einem Schabbat- oder Schmitah-Jahr, einem heiligen Jahr, das alle sieben Jahre gefeiert wird und in dem nach der Schrift dem Volk Israel alle Schulden erlassen werden. Um diese Jahreswende gibt es außerdem noch zwei Sonnenfinsternisse, und das ebenfalls an wichtigen jüdischen Festtagen: am 1. Nissan 5775, dem Beginn des biblischen Jahres (am 20. 3. 2015), und an Rosch HaShana 5776, dem modernen jüdischen Neujahrsfest (am 13. 9. 2015), einmal eine vollständige und einmal eine partielle Sonnenfinsternis. Es dauert Jahrhunderte, bis sich eine solche Konstellation wiederholt.

Nach einer alten rabbinischen Tradition gilt der Mond mehr als ein Zeichen für das Volk der Juden, die Sonne hingegen mehr für die Nationen. So richten sich die jüdischen Feste und der jüdische Kalender insgesamt nach dem Mond, während sich die Kalender der Nationen vorwiegend an der Sonne orientieren.

Das letzte Mal, dass es in zwei aufeinander folgenden Jahren an jüdischen Hochfesten je zwei „Blutmonde" gab, war in den Jahren 1967/1968. Damals kam Jerusalem nach fast zwei Jahrtausenden wieder in jüdische Hand, in einem Existenzkrieg, den Israel nicht gewollt hat und der zur Vernichtung Israels führen sollte. Doch Israel ging daraus überraschend als Sieger hervor und gewann zusätzlich auch noch Jerusalem zurück, was ebenfalls von Israel nicht geplant war. Davor geschah dieselbe Serie von „Blutmonden" 1948/1949, als der moderne Staat Israel geboren wurde. Noch in der Nacht der Staatsgründung fielen sieben Armeen der benachbarten islamischen Staaten über Israel her, um es zu vernichten. Doch das kleine, kaum geborene, völlig unzureichend bewaffnete Land siegte gegen alle Erwartungen und gewann sogar noch Land hinzu, über das von der Völkergemeinschaft dem Volk Israel zugestandene Gebiet hinaus.

Das nächste Mal, dass solche „Blutmonde" mit diesen hohen jüdischen Festtagen zusammenfallen, in den Jahren 2014/2015 also, kommen noch zwei Sonnenfinsternisse hinzu, ebenfalls an markanten Fixpunkten des jüdischen Jahres. Außerdem beginnt in diesem Zeitraum ein Schabbat- oder Schmitah-Jahr, das dem jüdischen Volk einen generellen Schuldenerlass zusagt. Das sind alles in allem sieben Zeichen. Sollte das ein Zufall sein?

Lance Lambert wirft angesichts dieses Zusammentreffens die Frage auf, ob dies vielleicht die baldige Erfüllung der alten Endzeit-Verheißungen des Propheten Joel für Israel und die Nationen ankündigt, die in Joel Kapitel 3, 4ff beschrieben sind, nämlich die volle Wiederherstellung Israels einerseits und das End–Gericht Gottes über die mit Israel verfeindeten Länder andererseits, die Israel entweder vernichten oder auch „nur" das Israel verheißene Land und die heilige Stadt Jerusalem zerteilen wollen (Joel 4, 2).

Natürlich wissen wir damit noch lange nicht „den Tag noch die Stunde". Die kennt nicht einmal der Sohn, sondern nur der Vater. Dennoch sind wir gehalten, die „Zeichen der Zeit" zu prüfen und zu erkennen, Zeichen, die der Vater in seiner Macht festgesetzt hat, damit wir uns entsprechend verhalten, ähnlich wie die klugen Jungfrauen in dem Gleichnis Jesu, und damit wir wie sie jederzeit für die Ankunft des Bräutigams bereit sind, und das schon ab heute und an jedem neuen Tag!

Quellen: CD „Israel, Middle-East Update" vom Oktober 2012 und Januar 2013, von Lance Lambert, Jerusalem, über www.cfri.de erhältlich (auch in deutscher Übersetzung); www.talmud.de/cms/Kalender.363.0.html.

Deutschland auf dem Weg in das „Tal der Entscheidung"

von Harald Eckert

Für mich als Christ aus Deutschland stellt sich vor dem eben dargelegten biblischen Hintergrund eine naheliegende Frage: Wo wird Deutschland sein auf diesem endzeitlichen Weg in das „Tal der Entscheidung"? Wo wird Deutschland stehen, wenn der wiederkommende Weltenrichter die Nationen in „Schafe" und „Böcke" scheidet? Und welchen Einfluss, welche Verantwortung haben wir als Christen gegebenenfalls?

Juden, Deutsche – eine Schicksalsgemeinschaft

Wir Deutschen und das jüdische Volk sind auf besondere Weise miteinander verbunden. Soweit man weiß, sind die ersten Juden mit den Römern um die Zeitenwende herum in das Gebiet des heutigen (Süd- und West-)Deutschland gekommen. Diese etwa zweitausendjährige Lebensgemeinschaft wendete sich für die Juden in der Zeit der Kreuzzüge, die vor ca. 900 Jahren begann, deutlich zum Schlechteren. Tausende von Juden fielen den marodierenden Glaubensrittern entlang des Rhein, der Donau und dann südlich davon zum Opfer.

Die folgenden Jahrhunderte waren auf deutschem Boden von einer nicht enden wollenden Serie von Massakern, Judenverfolgungen, Judenvertreibungen und einer breiten Palette von Unrechtshandlungen gegenüber in Deutschland lebenden Juden gekennzeichnet. Auch die Reformation brachte in dieser Hinsicht keine grundlegende Veränderung, höchstens eine graduelle. Im Unterschied zu anderen Ländern (England, Frankreich, Spanien, Portugal) gab es jedoch nie eine flächendeckende Totalvertreibung. Das lag vor allem daran, dass die Regierungshoheit in deutschen Landen sehr aufgesplittert war und die Zentralregierung bis ins 19. Jahrhundert hinein in der Regel nicht stark genug war, um so eine übergreifende und flächendeckende Maßnahme durchzusetzen.

Nach den napoleonischen Kriegen, in Folge von Säkularisierung und einer schrittweise liberaleren Gesellschaftsordnung, gewannen die Juden in Deutschland nach und nach bürgerliche Rechte, bis zur Gleichstellung vor dem Gesetz in der zweiten Hälfte des 19. Jahrhunderts. Von da an gab es starke Strömungen unter den Juden Deutschlands, sich weitgehend aus der kulturellen Isolation zu befreien und sich der deutschen Lebensweise und Kultur anzupassen. Dies führte teilweise zur völligen Assimilation bis dahin, dass viele Juden ihre Kinder christlich taufen ließen und somit formal in Kirche und Gesellschaft integriert waren.

Um die Zeit des Ersten Weltkrieges herum fühlte sich ein beachtlicher Teil der Juden mehr deutsch als jüdisch und viele leisteten als Ärzte, Rechtsanwälte, Intellektuelle, Wissenschaftler und Künstler einen prägenden und weitreichenden Beitrag zum deutschen Gemeinwesen. Bis zum Dritten Reich waren die Juden im Europa der Neuzeit in keinem Land (außer Holland vielleicht) so integriert und assimiliert wie in Deutschland, vielleicht vergleichbar mit den Juden in den USA heute. Viele Juden in Deutschland verstanden sich Anfang des 20. Jahrhunderts als überzeugte deutsche Patrioten. Vor diesem Hintergrund war die Ausgrenzung und Vertreibung der Juden durch die Nazi-Diktatur und dann der Holocaust während des Zweiten Weltkrieges für die meisten Juden in Deutschland ein völlig unerwartetes, ja unvorstellbares Geschehen.

Dieser kurze Überblick über die deutsch-jüdische Geschichte der letzten 2 000 Jahre zeigt uns, dass die Verbindung zwischen Deutschen und Juden eine besondere ist. Zumeist stand diese Beziehung unter negativen Vorzeichen – mit dem Holocaust als einzigartigem, grauenvollem Höhepunkt. Aber auch die Affinitäten der Juden zu den Deutschen, wie sie sich insbesondere im 19. und Anfang des 20. Jahrhunderts gezeigt haben, waren außergewöhnlich und eindeutig anders geartet als die Beziehungen der Juden zu den Polen, den Russen oder in anderen Teilen Europas, wo sie in größerer Zahl lebten. Vor allem vor dem Hintergrund des Holocaust – aber nicht nur – kann man somit durchaus von der Beziehung zwischen dem deutschen Volk und dem jüdischen Volk als von einer außergewöhnlichen, wenn nicht einzigartigen Beziehung sprechen – einer Art Schicksalsgemeinschaft.

Deutschland – der „größte aller Sünder"

Der Holocaust wird mit Recht immer wieder als singuläres Verbrechen bezeichnet, das mit keinem anderen Negativereignis in der gesamten Menschheitsgeschichte zu vergleichen ist. Meine persönliche Überzeugung ist, dass dieses Verbrechen kein Zufall oder Unfall der Menschheitsgeschichte ist, sondern die einzigartige Ernte einer einzigartigen Saat.

Die erste Schicht dieser Saat wurde durch die Theologie der Kirchenväter und der frühkatholischen Kirche ausgesät, die im Kern mit der Bibel in der Hand lehrte, dass Gott die Juden ein für alle Mal verdammt und verstoßen hat, weil sie Christus ermordet hätten. Die Kirche ist nun das neue Israel, Rom ist das neue Jerusalem, der Papst ist so etwas wie der neue Messias und Augustinus behauptet, mit dem Sieg des Christentums im römischen Reich sei das biblisch vorhergesagte Tausendjährige Reich angebrochen. Juden und Ketzer waren die größten Störenfriede dieser vermeintlich paradiesischen Zeit und gehörten deshalb stillgestellt bis ausgemerzt.

Wie schon kurz festgestellt, brachte die Reformation in dieser Hinsicht für die Juden in Deutschland keine grundlegende Besserung. Erst die Säkularisierung und Liberalisierung der deutschen Gesellschaft brachte spürbare Besserung und weckte bei den Juden Hoffnung auf eine grundsätzliche und dauerhafte Wende zum Guten. Doch leider sollte auch diese Hoffnung trügen.

Nationalistische Strömungen verbreiteten ihr antisemitisches Gift in der Warnung vor dem Weltjudentum. Die Arbeiterbewegung schürte ihrerseits antisemitische Vorbehalte in der Warnung vor dem Finanzjudentum. Liberalere und akademische Kreise warnten vor den Juden als treibende Kräfte der kommunistischen revolutionären Verschwörung. In den großen Kirchen lebte der Antisemitismus katholischer oder lutherischer Prägung fort.

Zusammenfassend kann festgestellt werden, dass es bei aller Unterschiedlichkeit in der deutschen Gesellschaft zu Beginn des 20. Jahrhunderts eine übergreifende und verbindende Gemeinsamkeit gegeben hat: Antisemitismus. Fast jede größere gesellschaftliche Strömung oder Gruppierung hatte ihre eigene Form des Neides, der Vorurteile, der Angst oder des Überlegenheitsgefühls gegenüber „den" Juden. In ganz Europa – und auch außerhalb Europas – gab es kein Volk, das eine fast zweitausendjährige Geschichte des Antisemitismus kennt, von denen die letzten 900 Jahre (seit der Zeit der Kreuzfahrer) immer wieder zum Teil extrem gewaltsame, tödliche Auswüchse mit sich brachten und deren traditionelle wie auch moderne Ausprägungen alle maßgeblichen Gesellschaftskreise umfasste. In dieser Hinsicht war Deutschland in der ersten Hälfte des 20. Jahrhunderts einzigartig.

Wenn man nun diesen kurzen geschichtlichen Überblick mit der biblischen Analyse im ersten Teil dieses Büchleins in Verbindung bringt, dann kann man – um es in der Sprache des Paulus auszudrücken – nur zu dem Schluss kommen: In Bezug auf unsere nationale Haltung und unser damit verbundenes Verhalten den Juden gegenüber ist – auf jeden Fall in den letzten 900 Jahren – das deutsche Volk „der größte aller Sünder". Wenn der Holocaust das Ende der Geschichte wäre, dann wäre mein Volk das Volk, das dieses eschatologische Gericht mehr verdient hätte als jedes andere Volk.

„Wo Sünde mächtig war, möchte sich die Gnade Gottes umso mächtiger erweisen" (Römer 5, 20b)

Ja – Deutschland hat ein Maß an Gericht geerntet: der Bombenhagel auf Deutschlands Städte gegen Ende des Krieges, der Blutzoll an Soldaten und Zivilisten, die Rache und Demütigung durch die Siegermächte, vor allem auf russischer Seite, die Teilung des Landes – und vieles mehr.

Aber dann die andere Seite: Die Schaffung einer stabilen, freiheitlichen Gesellschaftsform im Westen des geteilten Landes. Dort das sogenannte „Wirtschaftswunder", die zunehmende Prosperität, die schrittweise Wiederaufnahme in die Völkerfamilie, die Etablierung diplomatischer Beziehungen zu Israel schon 20 Jahre nach Ende des Holocaust (1965). Und schließlich als Höhepunkt die für viele völlig unerwartete unblutige Wiedervereinigung Deutschlands im Jahr 1990. Womit haben wir das verdient?

Genauso schwierig, wie es ist, rationale Erklärungen dafür zu finden, wie von einer der führenden Kulturnationen der Welt, Deutschland, ein derartig einzigartiger Zivilisationsbruch wie der Holocaust ausgehen konnte, ist es auf der anderen Seite, rationale Erklärungen für den raschen Wiederaufstieg Deutschlands und für die Gnade der unblutigen Wiedervereinigung zu finden. Die biblische Dimension hilft uns jedoch erheblich, diese auf den ersten Blick irrationalen Geschehnisse aus dem Blickwinkel des Gottes Israels und des „Königs der Könige" bewerten und zuordnen zu können.

Unter der Überschrift von „Gnade und Gericht" lässt sich dabei etwas sehr Berührendes und Erstaunliches feststellen: Es gibt einen markanten Zug im Charakter Gottes, der sich darin zeigt, dass genau dort, wo die Sünde und die Abgründe des Menschen ihre scheinbar größten Triumphe über Gottes gute Absichten mit den Menschen gefeiert haben, sich die Gnade Gottes umso mehr erweisen möchte. Ein paar Beispiele:

- Israel wird im Alten Testament (Obadja 2) als kleines Volk bezeichnet. Eingezwängt zwischen der Großmacht Ägypten im Süden und den nördlichen Großmächten aus dem Zweistromland (Assyrien, Babylon, Persien) oder noch weiter im Norden (Griechenland, Rom, heute Russland). Warum erwählt sich Gott das kleinste unter den Völkern? Um seine Liebe und seine Macht umso mehr zu demonstrieren (Hesekiel 36, 22).

- Saulus, der später Paulus heißen sollte, war einer der fanatischsten Christenverfolger seiner Generation. Nach seiner Bekehrung zu Jesus bezeichnet er sich als den „Größten aller Sünder" (1. Timotheus 1, 16) – und wird als Völkerapostel einer der wirkungsmächtigsten Nachfolger Jesu und neben den Evangelisten und Lukas einer der wichtigsten Autoren des Neuen Testaments.

- Jesus selbst eröffnet gerade den Sündern, die es scheinbar am wenigsten verdient haben, einen Weg der Vergebung, der Versöhnung mit Gott und des Lebens unter dem Segen Gottes: Den Prostituierten, den Gierigen, den Hartgesottenen, wie einem der beiden Verbrecher, die mit ihm gekreuzigt wurden. In einem seiner Gleichnisse gibt er einen erstaunlichen Ausblick: „Die Letzten werden die Ersten sein" (Matthäus 20, 16 par.).

Weitere Beispiele könnten folgen. Alle haben sie gemeinsam, dass gerade da, wo − entgegen aller menschlichen Vernunft und Erwartung und entgegen allgemein gültigen historischen Gesetzmäßigkeiten − auf Schuld und Unrecht Gericht und Strafe wirksam werden müssten, von Gottes Seite her in unfassbarer Weise ein gnädiger Ausweg in Aussicht gestellt wird. Für mich kommt dieser menschlich unfassbare Wesenszug Gottes in diesem einen Satz aus Römer 5, 20b am stärksten zugespitzt zum Ausdruck, in dem es heißt: *„Wo Sünde mächtig geworden ist, möchte sich die Gnade Gottes umso mächtiger erweisen. "*

Viele Christen haben dies auf persönlicher Ebene erlebt und können davon die erstaunlichsten Zeugnisse ablegen. In unserem Zusammenhang lautet nun die Frage: Kann es sein, dass dieser Charakterzug Gottes, den viele von uns auf persönlicher Ebene auf eine lebensverändernde Weise kennenlernen durften, sich auf kollektiver, auf nationaler Ebene erweisen möchte? Kann es sein, dass die verblüffende Geschichte Deutschlands nach dem Zweiten Weltkrieg mit diesem Charakterzug Gottes zusammenhängt?

Deutschland auf dem Weg in das „Tal der Entscheidung"

Wenn wir die Geschichte der letzten 1 800 Jahre (seit der Zeit der Kirchenväter), besonders aber die Geschichte der letzten 900 Jahre (seit der Zeit der Kreuzzüge) betrachten, mit dem Holocaust als einzigartigem, dämonischem Höhepunkt unserer deutschen Versündigung am jüdischen Volk, dann müsste die Antwort auf die Frage nach der eschatologischen Zukunft des deutschen Volkes nur eine eindeutige Antwort kennen: Das deutsche Volk gehört mehr als jedes andere Volk auf die Seite der „Bocknationen".

Doch warum so viel Gnade? Warum so viel Gunst? Warum ist es möglich, dass das offizielle Israel heute Deutschland als den besten Freund Israels (neben den USA) bezeichnet? Wer hätte das vor 70, vor 60 vor 50 Jahren überhaupt je für denkbar gehalten? Diese Entwicklung war vor wenigen Jahrzehnten gemeinhin genauso undenkbar wie die unblutige Wiedervereinigung Deutschlands. Beides sind, wie der Holocaust selbst, einzigartige Ereignisse der Menschheitsgeschichte. Sie sprengen die intellektuellen und akademischen Kategorien der Analogie, der Vergleichbarkeit.

Ein anderes Koordinatensystem, das biblische, ist hier gefragt, um diese Geschehnisse angemessen deuten und einordnen zu können. Und auf dieser Grundlage dürfen wir feststellen, dass das letzte Wort über das eschatologische Schicksal Deutschlands aus Gottes Perspektive offenbar noch nicht gesprochen ist.

Könnte es sein, dass Gottes Absicht darin besteht, das Volk, das sich geschichtlich gesprochen in der Beziehung zum jüdischen Volk als das „letzte" erwiesen hat, in dieser letzten Phase der Menschheitsgeschichte vor dem zweiten Kommen Jesu – auf dem Weg der Völker in das „Tal der Entscheidung" – sich zum „ersten" Volk verwandeln darf, kann und soll? Vom größten Feind des jüdischen Volkes zum größten Freund des jüdischen Volkes? Vom Saulus zum Paulus? Von der offensichtlichsten „Bocknation" zur überraschendsten „Schafnation"? Zum Segen für Israel, das offensichtlich eher schwereren als leichteren Zeiten entgegengeht? Und als Zeichen für die Völkerwelt, die insgesamt auf dieses biblische, endzeitliche „Tal der Entscheidung" zugeht und sich vielleicht von Deutschland ermutigen lassen könnte, den Weg der „Böcke" zu verlassen und den Weg der „Schafe" zu gehen – auch wenn es einen hohen Preis kosten wird?

Die Gemeinde Jesu und das „Tal der Entscheidung"

Meiner Einschätzung nach ist die Entscheidung darüber, auf welcher Seite des endzeitlichen Gerichts Deutschland bei der Wiederkunft Jesu landen wird, derzeit eine Frage mit offenem Ausgang. Es ist wahrscheinlich die wichtigste Frage, die unserem Volk vorliegt: Werden wir gegen den Strom des zunehmend antichristlich und damit auch antisemitisch geprägten Zeitgeistes Israel segnend durch die schweren letzten Epochen der Endzeit zur Seite stehen? Oder werden wir uns von den antisemitisch, antichristlich geprägten Kräften und Mächten unserer Zeit mitreißen lassen?

Anders gefragt: Werden die in unserer Geschichte wirksamen Kräfte der letzten 900, der letzten 1 800 Jahre, die im Holocaust ihren größten Triumph gefeiert haben, in dieser abschließenden Epoche vor dem zweiten Kommen Jesu wieder vollends durchbrechen und wieder Dominanz über die Seele des deutschen Volkes bekommen? Oder werden die Kräfte der aufrichtigen Erschütterung über diese Geschichte, der Buße, der Sinnesänderung, der Erlösung und Erneuerung unseres Verhältnisses zum jüdischen Volk aus der gnädigen Zuwendung Gottes heraus unser deutsches Volk maßgeblich prägen?

Meinem Dafürhalten nach liegt die letzte und entscheidende Verantwortung für die Beantwortung dieser Frage nicht bei der Regierung, nicht bei den Medien, nicht bei der Intelligenz und auch nicht bei den Stammtischen in Deutschland. Die entscheidende Verantwortung für den Ausgang dieser Frage liegt bei der Gemeinde Jesu. Wir als „Priester und Propheten" (1. Petrus 2, 9) gegenüber unserem deutschen Volk, wir als „Salz und Licht"

(Matthäus 5, 13ff) inmitten unseres Volkes, sollten und können in unserer Beziehung zum jüdischen Volk und zu Israel hin eine Beispiel- und eine Vorbildfunktion entwickeln, die in Bezug auf Israel unserem ganzen Volk den Weg weist, den es gehen soll. Wo wir nicht in diesen Lebensstil, in diese Kultur, in diese Glaubwürdigkeit, in diese Gebetskraft und in diese Vollmacht hineinwachsen, haben wir kein Recht, die Verantwortung auf andere Gruppen unserer Gesellschaft abzuschieben.

Es ist offensichtlich, dass wir als Christen, wir als Gemeinde Jesu, in der Vergangenheit, insbesondere in den ersten Jahrzehnten des 20. Jahrhunderts, diese Einsicht und Kraft, von einzelnen großartigen Ausnahmen abgesehen, nicht hatten. Hat sich seitdem etwas Grundlegendes und Durchgreifendes geändert? Falls nicht: Sind wir bereit, diese Herausforderung, dieses Gnadenangebot Gottes anzunehmen, um uns verändern zu lassen und andere dabei mitzunehmen? Das ist meines Erachtens die wichtigste Frage, der sich die Gemeinde Jesu in Deutschland, soweit sie ein aufrichtiges Anliegen für das Wohl und Schicksal unseres eigenen Volkes hat, derzeit gegenüber sieht.

Drei wegweisende Verheißungen

Immer wieder wird die Frage gestellt, warum und wie lange wir uns noch mit der Tragik des Holocaust und mit der damit verbundenen Verantwortung als Christen und als Deutsche auseinanderzusetzen haben. Vor dem Hintergrund all dessen, was in diesem Büchlein gesagt worden ist, kann die Antwort nur lauten: Bis Deutschland in kollektiver und historischer Größenordnung seinen Platz unerschütterlich an der Seite Israels eingenommen hat und diese Position bis zur Wiederkunft Jesu hält:

- Wenn die geringen Brüder Jesu, das jüdische Volk, in Not sind: Deutschland hilft.

- Wenn das verheißene Land geteilt werden soll: Deutschland macht nicht mit.

- Wenn Jerusalems Status als jüdische Hauptstadt in Frage gestellt wird: Deutschland zieht nicht an diesem Strang.

- Wenn Israel isoliert, dämonisiert und verleumdet wird: Deutschland durchschaut die dahinter stehende Agitation und Manipulation und lässt sich nicht beirren.

Und Deutschland findet die Kraft dazu, weil es eine christliche Gemeinde gibt, die tief geläutert ist, die entsprechend betet und diese Haltung gegenüber Israel vorbildlich vorlebt. Damit gibt sie den Regierenden, den Verantwortungsträgern und Meinungsmachern unseres Volkes den Rückhalt, die Sicherheit und den Mut, den sie brauchen, um gegen den Strom der zunehmend antisemitischen und antiisraelischen Weltmeinung schwimmen zu können.

Abschließend sei auf drei biblische Aussagen hingewiesen, die uns als Christen angesichts dieser hohen Aufgabe und Herausforderung Mut machen können:

1. **Gottes Güte führt zur Umkehr** (Römer 2, 4): Die richtige Frage lautet nicht: „Wie oft muss ich Buße tun?" Die richtige Frage lautet: „Wie tief darf ich Buße tun?" Es ist eine immense Gnade, Buße tun zu dürfen, sein Gewissen reinigen zu dürfen, von der Last des Versagens und der Versäumnisse befreit werden zu dürfen und ohne diese Ketten, unbelastet und beschwingt durch die Erfahrung dieser Gnade, einen neuen Weg einschlagen zu dürfen. Das ist ein Riesengeschenk! Keine lästige Pflicht! Und wenn wir die Güte und Gunst Gottes gegenüber Deutschland in den letzten Jahrzehnten recht bedenken, insbesondere die Gnade der Wiedervereinigung, dann dürfen wir dies als eine gewaltige, unendlich gütige Einladung verstehen. Gott erhebt unser Volk

in Gnade, weil er uns etwas zutraut. Weil er davon ausgeht, dass wir mit diesem Geschenk verantwortungsvoll umgehen. Verantwortungsvoll in vielfacher Hinsicht, aber zuallererst in Beziehung zu seinem Volk, zum jüdischen Volk, zu Israel.

2. **Wem viel vergeben ist, der liebt viel** (Lukas 7, 47): Es gibt viele Früchte der Buße. Aber die höchste und kostbarste Frucht der Buße, die Jesus uns nennt, ist die Liebe. Wo wir Buße getan haben von Gleichgültigkeit, Arroganz und Herzenshärte gegenüber dem jüdischen Volk und Gottes Vergebung dafür empfangen durften, füllt Liebe zu Gott und Gottes Liebe zu seinem Volk stattdessen unser Herz. Die Dimension der Schuld und der Vergebung zeigt an, welche Dimensionen der Liebe für uns von Gottes Seite her zugedacht sind. Und nicht weniger braucht es als die Erfahrung und Gewissheit von Gottes Liebe uns gegenüber und der Liebe Gottes in unseren Herzen dem jüdischen Volk gegenüber.

3. **Wem viel gegeben ist, von dem erwartet Gott viel** (Lukas 12, 48): Wenn wir die sich fortwährend vertiefende Erfahrung der Buße und die sich fortwährend vertiefende Erfahrung der Vergebung und der Liebe Gottes als Geschenke begreifen und erleben dürfen, wird uns klar, dass Gott uns diese immense Gnade zuteilwerden lässt, weil er etwas ganz Besonderes mit uns vorhat. Er möchte uns als Gemeinde und als Volk zum Segen für Israel setzen. Und er möchte uns damit zu einem Vorbild und einem Ansporn sowohl auf der gemeindlichen als auch auf der nationalen Ebene für andere Völker machen. Er ist dabei, ein gewaltiges Zeichen seiner Gnade von historischer und weltweiter Dimension und Wirkungskraft zu setzen. Zuerst setzt er ein Zeichen an Israel: Durch die Rückkehr des jüdischen Volkes, durch die Wiederherstellung von Fruchtbarkeit und Lebenskraft

im Land und im Volk. Doch dann soll ein zweites Zeichen ähnlicher Größenordnung folgen: die erstaunliche Freundschaft zwischen Deutschland und Israel. Vorgelebt und inspiriert durch das Vorbild der Gemeinde Jesu. Die Gunst und die Gnade, die wir Deutschen in den letzten Jahrzehnten erlebt haben, dürfen wir nicht missverstehen: Weder ist das eine billige Selbstverständlichkeit noch ist das eine lästige, mühselige Pflicht, in die wir genommen werden. Es ist ein Zeichen dafür, dass Gott uns etwas Großartiges zutraut. Wie ein Vater seinem Kind viel mehr zutraut als das Kind oft sich selbst. Das sollte uns nicht stolz machen, sondern demütig und dankbar. Aber es sollte uns auch motivieren, dieser Verantwortung und diesem unverdienten Vertrauensvorschuss gerne gerecht werden zu wollen.

Anmerkungen zum „Global Prayer Call 2015" und „Beten und Gedenken – 100 Tage für Deutschland und Israel"

D er Auslöser für dieses Buch waren die 100 Tage zwischen dem 27. Januar und dem 8. Mai 2015. Aus meiner Perspektive endet damit ein Zeitabschnitt von ca. 12 Jahren. Dieser begann am 70. Jahrestag der Machtergreifung Hitlers am 30. Januar 2003 mit einer Gedenk- und Gebetsversammlung bei den Evangelischen Marienschwestern. Im Geiste von Daniel 9 führte uns der Herr in diesem Geist durch die Tiefpunkte der 70-jährigen Vorgeschichte: 70 Jahre Rassegesetzgebung, 2005, 70 Jahre Kristallnacht, 2008, 70 Jahre Beginn des 2. Weltkrieges 2009/2010, 70 Jahre Wannsee-Konferenz, 2012. Einige dieser Ereignisse waren mit Initiativen zu kollektivem Fasten und Gebet begleitet. Und angesichts der letzten 100 Tage dieser Periode nun dieses Buch.

Für den *„Global Prayer Call 2015"* hat dieses Buch Kampagnecharakter. Der *„Global Prayer Call"* ist eine Gemeinschaftsinitiative von **Christians for Israel International**, **Ebenezer Operation Exodus International** und **European Coalition for Israel**. Die drei Netzwerke dieser drei in Europa basierten Bewegungen sind das Grundgerüst für die Verbreitung dieses Gebetsaufrufes.

Dieser gipfelt in zwei „*Global Days of Prayer*" am 27. Januar und 8. Mai 2015. Damit einher gehen jeweils eine Gebetskonferenz in Krakau/Auschwitz (Polen) vom 25.–29. Januar 2015 sowie in Jerusalem (Israel) vom 10.–13. Mai 2015.

Insbesondere in den Erweckungsregionen dieser Welt (Teile Afrikas, Asiens und Südamerikas) erregen das Buch und der Aufruf unter den betenden Christen hohe Aufmerksamkeit. Es wird derzeit in ca. 10 Sprachen übersetzt und hat in Teilen dieser Erweckungs- und Gebetsbewegungen einen Katalysatoreffekt. Mehr dazu unter www.100-days.eu.

Die Aktion *Beten und Gedenken – 100 Tage für Deutschland und Israel* im deutschsprachigen Raum hat die gleiche Zielrichtung, ist aber vom Stil und von der Struktur her viel breiter angesetzt. Hier will man zwischen dem 27. Januar und dem 8. Mai 2015 möglichst viele betende Christen sowie deren Leiter und Netzwerke integrieren, im Gedenken abholen und ins Gebet hinein ermutigen. Das **Christliche Forum für Israel**, das nationale Gebetsnetzwerk **Wächterruf** sowie **Ebenezer Emergency Fund International (Deutschland) e.V.** sind, gemeinsam mit dem **Runden Tisch Gebet** der **Lausanner Bewegung** in Deutschland, diesbezüglich in eine Zusammenarbeit getreten. Die Details dieses Gebetsaufrufes sind noch in der Planung. Weitere Informationen dazu gibt es ab Herbst 2014 auf der Webseite von **Christen an der Seite Israels** unter www.israelaktuell.de.

Harald Eckert

GOTTES WEG MIT ISRAEL
Von Abraham bis zur Offenbarung

ISBN 978-3-935703-55-0
Paperback, 104 Seiten
Preis: 9,80 €

Nicht als interessierter Zeitgenosse und schon gar nicht als Christ kann man sich vor einer Stellungnahme zu Israel drücken. Tragfähige Kriterien und Informationen bekommt man nur da, wo man den Konflikt um dieses Land (auch) als eine geistliche Auseinandersetzung begreift und dazu die Bibel befragt. Der Autor schreitet mit dem Leser eine Reihe von biblischen Meilensteinen ab und zeigt auf, wie und warum Gott, allen menschlichen Irrungen zum Trotz, zu seinen Verheißungen steht.

Harald Eckert

DIE BIBLISCHEN „ZEITEN DER WIEDERHERSTELLUNG"
und die Gemeinde Jesu in Deutschland

ISBN 978-3-86098-201-3
Paperback, 168 Seiten
Preis: 6,95 €

Dieses Buch ist ein leidenschaftlicher Aufruf zum kollektiven Fasten und Gebet für Deutschland. Es bietet für das Gebet umfassende Einsichten in biblisch-prophetische Zusammenhänge für unsere Zeit. Was hat es mit dem biblischen „Tal der Entscheidung" und den „Schafen und Böcken" im Völkergericht auf sich? Welche Verheißungen hat die Gemeinde, welche hat Israel in den „Zeiten der Wiederherstellung"? Und wo stehen wir als Gemeinde in Deutschland - und wo möchte der Geist Gottes uns hinführen?

Tobias Krämer (Hrsg.)

WOZU ISRAEL?

*Historische, theologische und zeitgeschichtliche
Zugänge zum Bundesvolk Gottes*

ISBN 978-3-000439-28-5
Paperback, 348 Seiten
Preis: 12,95 €

Über zwei Jahre lang traf sich eine lebhafte Arbeitsgruppe, um über Israel zu diskutieren. Dabei trafen biblische, historische, systematisch theologische und geistlich-prophetische Perspektiven aufeinander – das Ganze auf dem Hintergrund persönlicher Erfahrungen mit dem jüdischen Volk. Diese höchst unterschiedlichen Zugangsweisen sorgten für viel Gesprächsstoff. Das Ergebnis ist dieses Buch. Es ist der Grundbestand dessen, was das Autorenteam für unverzichtbar hält.

Willem J. J. Glashouwer

WARUM IMMER WIEDER ISRAEL?

Vision von der Zukunft Israels und der Welt

ISBN 978-3-860981-74-0
Paperback, 200 Seiten
Preis: 11,50 €

Wir leben in einer einzigartigen Epoche der Weltgeschichte. Besteht ein Zusammenhang zwischen den Spannungen im Nahen Osten und der Rückkehr des Messias Israels, der Wiederkunft Jesu Christi? Warum ist Jerusalem so umstritten? Sind Antisemitismus und Judenhass in Wahrheit nicht ein abgrundtiefer Hass gegen Gott, den Gott Abrahams, Isaaks und Jakobs? Diese umstrittenen und aktuellen Fragen werden in gut verständlicher Weise in diesem Buch behandelt. Der Autor behandelt auch Themen wie „Ersatztheologie", „Erwählung" und „Bund".

Willem J. J. Glashouwer

JERUSALEM

Stadt des Herrn und Brennpunkt der Geschichte

ISBN 978-3-86098-205-1
Paperback, 320 Seiten
Preis: 14,95 €

Wir leben in einer einzigartigen Epoche der Weltgeschichte. Besteht ein Zusammenhang zwischen den Spannungen im Nahen Osten und der Rückkehr des Messias Israels, der Wiederkunft Jesu Christi? Warum ist Jerusalem so umstritten? Wir werden herausgefordert, im Glauben die biblische Vision von der Zukunft Israels zu bekennen, um sie der wachsenden Ablehnung des Volkes Gottes in der Welt entgegenzusetzen.

Willem J. J. Glashouwer

DER ERSTE UND DER LETZTE

In einem Jahr durch die Offenbarung

ISBN 978-0-9569448-5-6
Paperback, 716 Seiten
Preis: 29,95 €

Das letzte Buch der Bibel – die Offenbarung von Johannes. Ein Buch mit sieben Siegeln, das nur studierte Theologen verstehen? Willem Glashouwer zeigt die Offenbarung in einem neuen Licht. Erforschen Sie Gottes Landkarte für die Zukunft. In überschaubaren Etappen. Ein bis zwei Verse pro Tag. Sie brauchen nur wenige Minuten täglich, um in einem Jahr die Offenbarung besser zu verstehen. Sie entdecken, dass Gott der Anfang und das Ende ist, der Erste und der Letzte.